Ryszard Legutko

DER DÄMON DER DEMOKRATIE

Ryszard Legutko

Der Dämon der Demokratie

Totalitäre Strömungen in liberalen Gesellschaften

Deutsch von
Krisztina Koenen

Karolinger
Wien und Leipzig

Gesamtherstellung
Christian Theiss GmbH, St. Stefan im Lavantthale/Kärnten

Satz
Ecotext-Verlag, Mag. G. Schneeweiß-Arnoldstein, Wien

Einband
Peter Alba

Titel der polnischen Originalausgabe:
Triumf człowieka pospolitego
Posen (Zysk) 2012

Unsere Ausgabe wurde gegenüber dem Original vom Autor
um spezifische polnische Interna gekürzt

ISBN 978 3 85418 176 7

Inhalt

Ich bin der Ansicht, daß die Art der Unterdrückung, die den demokratischen Völkern droht, mit nichts was ihr in der Welt voranging, zu vergleichen sein wird. Unsere Zeitgenossen würden ihr Bild in ihren Erinnerungen vergeblich suchen. Ich selbst suche vergeblich nach einem Ausdruck, der meine Vorstellung davon genau wiedergibt …

Ich will entwerfen, unter welchen neuen Zügen der Despotismus sich in der Welt einstellen könnte: Ich sehe eine unabsehbare Menge ähnlicher und gleicher Menschen, die sich rastlos um sich selbst drehen, um sich kleine und gewöhnliche Freuden zu verschaffen, die ihr Herz ausfüllen …

Über diesen Bürgern erhebt sich eine gewaltige Vormundschaft, die allein unternimmt, deren Behagen sicherzustellen und über ihr Schicksal zu wachen. Sie ist absolut, minutiös, pünktlich, vorausschauend und milde. Sie gliche der väterlichen Gewalt, hätte sie wie diese die Vorbereitung der Menschen auf das Mannesalter zum Ziele; sie sucht aber, im Gegenteil, die Menschen unwiderruflich in der Kindheit festzuhalten; sie freut sich, wenn es den Bürgern gut geht, vorausgesetzt, daß diese ausschließlich an ihr Wohlergehen denken …

Alexis de Tocqueville, *Über die Demokratie in Amerika*

Ich habe oft beobachtet, daß unsere Liberalen nicht fähig sind, einem Anderen eigene Überzeugungen zu gestatten und daß sie sofort ihrem Gegner mißbräuchlich Übles vorwerfen.

Fjodor M. Dostojewski, *Der Idiot*

Die Rotte nahm die Geister gefangen in kurzer Zeit;
Denn wenn der Herr einmal ein Volk der Strafe geweiht,
Dann pflegt er zuerst die Köpfe der Bürger zu verkehren.
So wagten denn die Vernünftigen den Stutzern nicht zu wehren;
Es fürchtete sich vor ihnen das Volk, wie vor der Pest,
Saß ja der Keim der Krankheit schon in den Herzen fest (?)
Es war ein Faschingspossen, voll Tollheit und voll Schmach,
Dem bald das große Fasten, die Knechtschaft, folgte nach.

Adam Mickiewicz, *Pan Tadeusz*

Vorwort

Dieses Buch handelt von den Gemeinsamkeiten von Kommunismus und liberaler Demokratie. Auf die Idee, daß es diese Gemeinsamkeiten gibt, kam ich zum ersten Mal in den siebziger Jahren des vergangenen Jahrhunderts, als es mir zum erstmals gelang, das kommunistische Polen zu verlassen und in den Westen zu reisen. Erschreckt stellte ich fest, daß viele meiner Freunde, die sich bewußt als hingebungsvolle Anhänger der liberalen Demokratie bezeichneten – also des Mehrparteiensystems, der Menschenrechte, des Pluralismus und allem anderen, was ein liberaler Demokrat stolz zu seinen Bekenntnissen zählt –, eine außerordentliche Sanftmut, ja Empathie gegenüber dem Kommunismus zeigten. Ich war unangenehm überrascht, weil ich davon überzeugt war, daß die natürliche, instinktive Reaktion eines jeden liberalen Demokraten auf den Kommunismus nur die uneingeschränkte Verurteilung sein könne.

Eine Zeit lang glaubte ich, daß dieser Anti-Antikommunismus, der sich durch Nachgiebigkeit gegenüber den Kommunisten und eine harte Haltung gegenüber den Antikommunisten auszeichnete, der Angst vor der sowjetischen Macht entsprang, oder gnädiger formuliert, mit der Erkenntnis zusammenhing, daß es moralisch inakzeptabel sei, einen globalen militärischen Konflikt als die unvermeidliche Konsequenz der Konfrontation mit dem Kommunismus in Kauf zu nehmen. Doch bald mußte ich feststellen, daß das Vorhandensein solcher Überlegungen den von mir registrierten rohen anti-antikommunistischen Furor, der alle anderen mir bis dahin bekannten negativen politischen Gefühle übertraf, nicht vollständig erklären konnte. So entstand die Überlegung, daß beide Systeme, sowohl das kommunistische, als auch das liberaldemokratische, durch etwas tiefer Greifendes, nämlich durch gemeinsame Prinzipien und Ideale verbunden sein müßten.

Lange Zeit schien mir dieser Gedanke so abwegig, daß mir die innere Kraft und auch die Kenntnisse fehlten, um ihn tiefer zu ergründen. Darüber hinaus galt damals für einen Menschen wie mich, dem Bewohner des Sowjetblocks, der Westen als die beste aller denkbaren Welten. Ihn mit dem Kommunismus zu vergleichen grenzte an Blasphemie. Schriften, in denen solche Vergleiche gezogen wurden, stammten meistens von linken Autoren wie Herbert Marcuse. Sie riefen deshalb starke Reflexe des Widerstands unter den antikommunistischen Polen hervor und galten als Verletzung des gesunden Menschenverstands und des elementaren Anstands. So behandelten wir die prokommunistischen Sympathien in westlichen Gesellschaften eher als einen Unfall als einen fundamentalen Fehler.

Zum zweiten Mal keimte in mir dieser Gedanke während der postkommunistischen Phase in Polen auf, gleich am Anfang ihrer Geschichte, direkt 1989. Der Anti-Antikommunismus kam gleichzeitig mit der Entstehung des neuen liberal-demokratischen Systems auf, obwohl ich und viele meiner Freunde glaubten, Polen sei der letzte Ort, wo solche Ideen Fuß fassen könnten. Er wurde sofort zu einem wichtigen Bestandteil der sich herausbildenden neuen politischen Orthodoxie. Die Antikommunisten betrachtete man als eine Bedrohung für die liberale Demokratie, die Anti-Antikommunisten dagegen hatten die wichtigste und schwierigste Aufnahmeprüfung zur neuen politischen Realität gemeistert. Das waren die Zeiten, als die Kommunisten die Archive zerstörten, die Informationen über ihre Vergangenheit enthielten, und weiter voranschritten, um sich mit der neuen politischen und wirtschaftlichen Führungsschicht von einer weit besseren Position aus zu vereinigen, als wir Normalsterbliche es je hätten tun können. Und doch galt jedes negative Wort, das über sie geäußert wurde, nicht nur als Schurkerei, sondern als Angriff auf das beste aller politischen Systeme, in dem wir Polen nicht mehr als bescheidene Neuankömmlinge waren.

Die neu entstandene politische Elite nahm die Kommunisten mit einer beeindruckenden, demonstrativen Freundlichkeit auf. Das hatte zum Teil taktische Gründe, denn es sollte keine größere Gruppe aus dem System gedrängt werden. Es gab aber auch wichtige ideologische Gründe: Diese neue Elite sah voraus, daß die Kommunisten unter den neuen Umständen und nach geringfügigen Retuschen loyale und begeisterte Mitwirkende im liberal-demokratischen System sein würden. Bald habe ich festgestellt, daß diese Annahme richtig war. In der Tat fügten sich die früheren Mitglieder der Kommunistischen Partei nach einigen vorhergesagten Retuschen problemlos in die liberale Demokratie, ihren Mechanismen und ideologischen Interpretationen. Und sehr bald schlossen sie sich sogar den Wächtern der neuen Orthodoxie an. Die gleichen Zeitungen, die jahrzehntelang auf ihren Titelseiten die Proletarier aller Länder dazu aufriefen, sich zu vereinigen, begannen nun, mit der gleichen Inbrunst alle aufgeklärten Kräfte zu mobiliseren, um die liberale Demokratie gegen die finsteren Mächte des Antikommunismus (unter anderem) zu verteidigen.

Die leidenschaftliche Inschutznahme der vom neuen System kooptierten Kommunisten und die rabiaten Angriffe auf jene, die diese Kooptation keineswegs begrüßten, verleitete viele zum Glauben, daß es sich dabei um eine moralische Erfordernis der modernen Zeit handelte. Man hielt die Kommunisten, die sich in liberale Demokraten verwandelten, für verläßliche Partner beim Aufbau des neuen Systems. Das Bündnis mit ihnen wurde als epochaler Vertrag gefeiert, der in seiner Bedeutung nur dem der Gründung der Republik in der Geschichte der Vereinigten Staaten entsprach. Daher kam der sonst unverständliche Furor gegen jene kleingläubigen Männer auf, die – wie ich auch – die moralische und politische Glaubwürdigkeit der neu gewonnenen Partner in Frage stellten. Dieser Furor hält weiterhin an. Es ist symptomatisch, daß der größte politische und journalistische Vernichtungsfeldzug in der Geschichte der postkommunistischen Gesellschaften gegen jene geführt wurde, die dagegen waren, den Kommunisten zuerst Immunität und dann Privilegien zu gewähren.

Das neue System begann alsbald Symptome zu zeigen, die von den meisten politischen Analysten ignoriert wurden. Manch andere – so auch ich – fanden sie außerordentlich beunruhigend. Wenn ich hier von einem System spreche, meine ich nicht nur oder überwiegend eine institutionalisierte Struktur, sondern vielmehr alles das, was dieser Struktur ermöglicht, so zu funktionieren, wie sie es tut: Ideen, soziale Vorgehensweisen, Sitten, die Verhaltensweisen der Menschen. Sowohl der Kommunismus als auch die liberale Demokratie erwiesen sich als große Vereinheitlicher, die ihren Anhängern vorschreiben, wie sie denken, was sie tun, wie sie etwas bewerten und welche Sprache sie benutzen sollen. Beide hatten jeweils ihre eigenen Glaubenssätze und Modelle vom idealen Bürger.

Die meisten wissen heute, daß der Kommunismus eine alles umfassende politische, ideologische, intellektuelle und soziolinguistische Einheit war. Wer in diesem System gelebt hat, mußte minutiösen Direktiven der herrschenden Partei gehorchen, was so weit ging, daß von einem erwartet wurde, in Worten, Gedanken und Taten Millionen von Mitbürgern zu gleichen. Stalins Sowjetunion, Maos China, das kommunistische Albanien und Nordkorea kamen diesem Ideal am nächsten. Von der liberalen Demokratie glaubt man, sie sei atemberaubend vielfältig. Aber diese Auffassung ist weit von der Realität entfernt und das genaue Gegenteil scheint zuzutreffen. Auch die liberale Demokratie ist ein mächtiger Mechanismus der Vereinheitlichung, der die Unterschiede zwischen den Menschen einebnet und ihnen Gleichförmigkeit in Ansichten, Sprache und Benehmen aufzwingt.

Dann, gegen Anfang der neunziger Jahre, habe ich etwas entdeckt, das sich damals erst zu entwickeln begann: die Einengung dessen, was zulässig war. Er klingt ungeheuerlich, aber im letzten Jahr des zerbröckelnden Kommunismus herrschte ein viel stärkerer Geist der Freiheit als in der darauf folgenden Periode der Einrichtung des neuen Systems. Sie beendete etwas, was viele gegen Ende des Kommunismus empfunden haben, und was – trotz seiner Flüchtigkeit – allen bekannt ist, die jemals die Erfahrung von Freiheit gemacht haben: Das Gefühl, daß viele Türen offen und viele Ziele verfolgbar sind. Bald schwand dieses Gefühl, niedergerungen durch die neue Rhetorik, die das liberal-demokratische System mitbrachte. Es dauerte nicht lange, und ich machte eine neue, noch bedrückendere Entdeckung: Diese Tendenz zur Vereinheitlichung beschränkte sich keineswegs auf die postkommunistische Welt, sie war keine Folge ihrer Besonderheiten. Ihre widrigen Folgen konnten man in der gesamten westlichen Zivilisation beobachten.

Während meiner darauf folgenden Arbeit im Europäischen Parlament wurde diese Diagnose weiter bestätigt. Dort konnte ich aus unmittelbarer Nähe erleben, was den Beobachtern aus der Ferne entgangen sein mag. Wenn es stimmt, daß das Europäische Parlament die Verkörperung des liberal-demokratischen Geistes ist, dann ist dieser Geist weder gut und schön. Er hat im Gegenteil viele schlechte und häßliche Züge, und unglücklicher Weise teilt er einige davon mit dem Kommunismus. Schon bei einem ersten Kontakt mit den Institutionen der Europäischen Union fühlt man die stickige Atmosphäre, die für das politische Monopol typisch ist. Man erlebt, wie die Sprache zerstört wird, und ein „Neusprech" entsteht, wie meist auf ideologischer Grundlage eine surreale Welt erschaffen wird, die die reale Welt verdeckt. Man wird Zeuge der gnadenlosen Feindseligkeit gegenüber allen Abweichlern – und so könnte man viele andere Dinge aufzählen, die einem nur zu bekannt sind, wenn man sich an die von den Kommunisten erschaffene Welt erinnert.

In privaten Gesprächen auf den Korridoren des Europäischen Parlaments taucht dieser Vergleich mit dem Kommunismus sogar unter loyalen Anhängern der EU öfters auf. Aber auch wenn sie vom System verärgert wurden, stellen sie seine grundlegende Richtigkeit nicht in Frage, wahrscheinlich, weil sie seine unerträglichen Eigenschaften für vorübergehend halten und hoffen, daß sie mit der Zeit verschwinden werden. Sie fragen sich auch nicht – zumindest tun sie das nicht offen –, ob es eventuell sein könnte, daß das, was sie ärgert, womöglich zum Kern des Systems gehört, und daß sich die Erscheinungen, die sie halb im Scherz als sowjetisch bezeichnet haben, in Zukunft nicht eher verstärken werden statt zu verschwinden.

Solche Gedanken werden durch ein scheinbar nicht widerlegbares Argument disqualifiziert: Wie kann man nur, heißt es, zwei Systeme mit einander vergleichen, von denen das eine kriminell war, das andere dagegen – trotz dieser Einwände – den Menschen große Freiheit und institutionalisierten Schutz bietet? Und in der Tat, der Unterschied zwischen der Volksrepublik Polen und der demokratischen Republik heute ist so groß, daß sie nur ein Geisteskranker gleichsetzen würde. In Polen haben wir heute verschiedene politische Parteien, das Amt für Zensur existiert nicht mehr, und auch die wirtschaftliche Freiheit ist trotz verschiedener Einschränkungen viel entwickelter als unter der kommunistischen Herrschaft. Die Osteuropäer können ohne Einschränkungen reisen, ihre Länder sind Mitglieder der EU und der NATO und haben keine Schwierigkeiten, sich mit anderen zusammenzuschließen oder in Organisationen einzutreten. Die Vorzüge der modernen, demokratischen Republik gegenüber der Volksrepublik sind so offenkundig, daß es bösartig wäre, sie zu leugnen. In der Volksrepublik hätte der Autor dieses Buches keine Chance gehabt, zu schreiben und zu veröffentlichen, was er seit ihrem Zusammenbruch geschrieben hat, und hätte auch die öffentlichen Ämter nicht bekleiden können, die er seither inne hatte.

Diese Argumente können nicht widerlegt werden, und kein vernünftiger Mensch würde ihre Richtigkeit in Frage stellen. Doch sie sollten auch nicht als intellektuelle und moralische Erpressung benutzt werden. Wie fundamental die Unterschiede zwischen den beiden Systemen auch sein mögen, es ist vollkommen legitim danach zu fragen, wieso es Ähnlichkeiten gibt, warum sie so tiefgreifend sind und immer stärker werden. Man kann diese Fragen nicht mit dem Argument beiseite schieben, daß das liberal-demokratische System dem Kommunismus klar überlegen ist. Liberale Demokraten lieben es, vor allen möglichen gefühlten oder vermuteten Gefahren wie Xenophobie, Nationalismus, Intoleranz und ähnlichem zu warnen, die das politische System unterminieren könnten. Da verwundert es schon, warum die gleichen Leute die sehr leicht erkennbare Gefahr, nämlich die immer häufigere Wahrnehmbarkeit von Entwicklungen wie im Kommunismus, vollständig ignorieren. Warum schlagen nur wenige Alarm, während tausende andere Gefahren, die selbst dem geübtesten Beobachter kaum erkennbar sind, lauthals herausposaunt werden?

Die einfachste Antwort auf diese Frage ist, daß es einen Zusammenhang zwischen liberaler Demokratie und Kommunismus gibt. Dieses Buch erklärt diesen Zusammenhang ausführlich. An dieser Stelle will ich nur auf eine offensichtliche Verbindung hinweisen. Sowohl der Kommunismus als auch die liberale Demokratie wollen die bestehende Realität zugunsten einer besseren Welt verändern. Sie sind – um im Jargon der Gegenwart zu sprechen – Modernisierungsprojekte. Beide werden vom Glauben angetrieben, daß die Welt nicht so bleiben könne, wie sie ist: Das Alte müsse durch das Neue ersetzt werden. Beide Systeme greifen tief und ungeduldig in das soziale Gewebe ein und legitimieren ihr Tun damit, daß diese Eingriffe den gegebenen Zustand verbesserten, indem sie ihn „modernisierten".

Das Wort „modernisieren“ hat eine besondere Konnotation: Ursprünglich stammt es aus der Welt der Technik, die im Laufe der Geschichte ständig verbessert wurde. Der Ausdruck Modernisierung mit seiner assoziativen Verbindung zur Technik verleitet uns dazu, die Welt als ein Objekt von ingenieurstechnischer und innovativer Tätigkeit zu sehen, fast schon wie eine Maschine, die durch neue Teile ergänzt und durch Erfindungen perfektioniert wird. Das Wort Technik kommt vom griechischen Wort *techné*, von dem in der Antike angenommen wurde, daß sein mächtiges Potential den Menschen gottgleich machen könnte. Es war Prometheus, der dem Menschengeschlecht das Geschenk des *techné* machte, wodurch es instand gesetzt wurde, zu überleben und seine Lebensbedingungen zu verbessern. Doch dieses wunderbare Geschenk hatte auch eine andere Seite: Die antiken Denker warnten, daß *techné* gerade wegen seines wunderwirkenden, fast göttlichen kreativen Potentials den Menschen zur Sünde der Hybris verleiten würde.

Die Moderne machte Prometheus zum Helden, und man nahm an, daß sein Geschenk das Beste sei, was je der Menschheit widerfuhr: Es war ein Werkzeug des ewigen Fortschritts, das die unglaublichsten Leistungen des menschlichen Genius ermöglichte. Die Bedeutung von Modernisierung geht heute weit über das Technische hinaus, aber der Glaube an sie erhält ihre Kraft aus einer Dynamik, die auch in Zukunft immer wieder Überraschungen hervorbringen wird.

Die Idee der Modernisierung beinhaltet auch die Idee des Bruchs mit dem Alten und des Anfangs von etwas Neuem. Das Wort selbst verweist auf etwas Unvollendetes, auf einen graduellen Prozeß, denn nichts ist ein für allemal modernisiert. In einer tieferen Schicht gibt es eine Verknüpfung mit der Moderne, das Wort verheißt eine ganz neue Ära, die geboren wurde, als ihre Schöpfer entschieden hatten, alles abzulehnen, was davor gewesen war und einen Neuanfang wagten. Die Schöpfer der Moderne – Machiavelli, Hobbes und Bacon – sahen sich als Pioniere des Neuen, die der Vergangenheit mutig den Rücken kehrten. Einerseits verachteten sie die Vergangenheit, andererseits aber verspürten sie auch eine gewisse Sympathie, vermischt mit der Herablassung, die man gegenüber etwas empfindet, das irgendwann edel und liebenswürdig war, aber inzwischen verschwunden ist und niemals wiederkehren wird. Auch wenn einige der Modernisierer die Vorteile des Alten nutzten – und es waren ihrer viele – taten sie es wie Descartes ohne es zuzugeben und unternahmen große Anstrengungen, um die Spuren ihrer Inspiration zu verwischen. *Modernitas* beinhaltet deshalb auch unvermeidlich die bewußte Loslösung, das Überschreiten des Rubicon, die Durchtrennung der Nabelschnur, das Erwachsenwerden und die Zurücklassung der Jugend – um nur einige der in diesem Zusammenhang gebräuchlichen, mehr oder minder platten Metaphern zu erwähnen.

Modernisierung bedeutet auch die Erfrischung und Neubelebung der menschlichen Beziehungen und der sozialen und politischen Einrichtungen: größere Freiheit, Offenheit und Leichtigkeit des Seins. Obwohl sich in dieser modernisierten Welt die Technik weiter fortentwickelt und die Institutionen immer komplexer werden, kehrt das moderne menschliche Leben zum Einfachen und Elementaren zurück. Die Menschen streifen unnötige Korsetts, Masken, Kostüme und Haltungen ab. Sie sind wieder jung, optimistisch, vorwärtsdrängend und befreit, wie die unvergeßliche Youngbloods-Familie in Witold Gombrowiczs' *Ferdydurke*. Das Gefühl von Sünde, ob in metaphysischem oder religiösem Sinne, verschwindet zusammen mit den irrationalen moralischen und psychologischen Barrieren, die auf diesem Gefühl beruhten. Alte Verpflichtungen verblassen, und der moderne Mensch agiert immer mehr auf eigene Rechnung mit dem stolzen Bewußtsein der individuellen Unabhängigkeit und Souveränität. Zugleich – und das mag paradox klingen, ist es aber nicht –, während er sich von allen Verpflichtungen frei fühlt, hegt er immer stärker die Überzeugung, daß die Bestätigung seiner Unabhängigkeit und Souveränität ein Schritt auf dem Weg zu einer besseren Welt für die ganze Menschheit sei. Indem er sich als etwas Vereinzeltes betrachtet, glaubt er tief in seinem Herzen, daß er mit vielen Millionen seinesgleichen vereint ist im Marsch in die Zukunft.

Wenn wir den Kommunismus und die liberale Demokratie unter diesem Gesichtspunkt betrachten, werden wir entdecken, daß sie beide von der Idee der Modernisierung getrieben werden. In beiden Systemen entspricht dem Kult der Technik die Akzeptanz des *social engineering* als das angemessene Mittel, um die Gesellschaft zu reformieren, das menschliche Verhalten zu verändern und die vorhandenen sozialen Probleme zu lösen. *Social engineering* mag in den beiden Systemen ein unterschiedliches Maß und verschiedene Dynamik haben, aber was übereinstimmt, ist die Ansicht, daß die Welt der ständigen Konstruktion und Rekonstruktion bedarf. In dem einen System bedeutete das die Umkehrung der Fließrichtung sibirischer Flüsse, in dem anderen die Formung neuer Familienmodelle. Immer jedoch stellt sich heraus, daß die ständig zu verbessernde Natur nur als ein Substrat behandelt wird, das in beliebige Formen gepreßt werden kann. Obwohl die Ideologen der Umweltbewegung die abgöttischste Verehrung der Erde, ihrer Fauna und Flora zur Schau stellen, ändert das nichts daran, daß sie die menschliche Natur und die Gesellschaft in einer gefährlich technischen Weise behandeln.

Beide Systeme setzen sich klar von der Vergangenheit ab. Beide identifizieren sich mit der Idee des Fortschritts – eines natürlichen Sprößlings des Glaubens an der Macht der *techné* – mit all den entsprechenden Konsequenzen. In beiden wird alles unter dem Gesichtspunkt des Verhältnisses zum Alten oder Neuen beurteilt. Vorgezogen wird immer, was das Brandzeichen des Neuen trägt, während das Festhalten am Alten immer verdächtig ist. Die beliebtesten Ausdrücke der Verurteilung weisen immer auf das Alte: abergläubisch, mittelalterlich, rückwärtsgewandt, anachronistisch. Der beliebteste schmeichlerische Ausdruck dagegen ist „modern". In beiden Systemen muß alles modern sein: das Denken, die Familie, die Schule, die Literatur und die Philosophie. Wenn eine Sache, eine Eigenschaft, eine Haltung, eine Idee nicht modern ist, muß sie unbedingt modernisiert werden, oder sie wird auf dem Müllhaufen der Geschichte enden – ein einprägsamer Begriff, der die gleiche große Bedeutung für den Kommunismus wie für die liberale Demokratie hat. Das ist der Grund dafür, warum die ehemaligen Kommunisten, die über viele Jahrzehnte für den Fortschritt und gegen die Kräfte der Rückständigkeit gekämpft hatten, so schnell einen Bündnispartner in der liberalen Demokratie fanden. Denn auch dort beherrscht der Kampf für den Fortschritt praktisch jeden Aspekt individueller und kollektiver Aktivitäten, der Fortschritt geht auch dort in die gleiche Richtung und auch die Rückständigkeit wird durch die gleichen Kräfte repräsentiert.

Beide Systeme erwecken in den Menschen das Gefühl, von den Fesseln alter Bindungen befreit zu werden. Mit der Teilhabe an der kommunistischen und liberalen Gesellschaft legt der Mensch einen großen Teil der Loyalitäten und Verpflichtungen ab, die ihn bis vor kurzem noch gefesselt haben, insbesondere jene, die ihm durch die Vorherrschaft der Religion und Tradition auferlegt wurden. Der Mensch fühlt sich stark und erneuert und bedauert deshalb jene elenden Geschöpfe, die sich an die längst veralteten Regeln halten und sich den Fesseln unsinniger Einschränkungen fügen. Es gibt nur eine Verpflichtung, von der der Mensch nicht erlöst werden darf: Für den Kommunisten ist es der Kommunismus, für den liberalen Demokraten die liberale Demokratie.

Nachdem sie alle Verpflichtungen und Bindungen der Vergangenheit abgelegt haben, verlieren Kommunisten und liberale Demokraten ihre Erinnerung an sie und auch ihren Respekt vor ihr. Beide möchten, daß die Vergangenheit ausgelöscht oder zumindest ihrer Macht beraubt werde, indem sie relativiert oder verhöhnt wird. Der Kommunismus, der die Geschichte neu anfangen ließ, mußte seinem Wesen nach gegen die Erinnerung sein. Die Regimegegner kämpften auch für die Erinnerung und gegen das Vergessen, denn sie wußten, daß das Vergessen die Menschen wehrlos und formbar machte. Die besten Beispiele dafür, wie die politisch erzwungene Amnesie hilft, den neuen Menschen zu formen, kann man in den beiden großen Dystopien des 20. Jahrhunderts, in *1984* und *Schöne neue Welt* nachlesen. Die Lehren von George Orwell und Aldous Huxley wurden bedauerlicherweise schnell vergessen. Kaum daß die liberal-demokratische Ordnung anfing in meinem Land Formen anzunehmen, begann auch wieder der Kampf gegen die Erinnerung. Die Apostel des neuen Systems verloren keine Zeit und denunzierten Erinnerung als eine schädliche Last, die das Streben nach der Moderne behindere. Auch in diesem Kreuzzug, wie in etlichen anderen, erwiesen sich die liberalen Demokraten viel erfolgreicher als ihre kommunistischen Vorgänger.

Dieses Buch wird diese und andere Ähnlichkeiten zwischen dem Kommunismus und der liberalen Demokratie ausführlich untersuchen. Nachdem die Übereinstimmungen verifiziert wurden, wird es um jene Fragen gehen, die aufgrund des Befundes gestellt werden müssen: Gibt es eine gemeinsame, beiden Systemen zugrundeliegende Ursache, die die beiden scheinbar so verschiedenen Ordnungen so ähnlich werden läßt? Und welche Schlußfolgerungen können jene ziehen, die heute in der liberalen Demokratie leben, aber die kommunistische Diktatur noch nicht vergessen haben?

* * *

Anmerkungen zur deutschen Ausgabe 2017

Dieses Buch ist 2012 zum ersten Mal veröffentlicht worden. In der seitdem vergangenen Zeit hat sich Europa von seinen ideologischen Dogmen nicht befreit – die Lage ist weiterhin unverändert. Nichts illustriert diesen Zustand besser als die sogenannte Flüchtlingskrise, die in diesem Buch nicht behandelt wird. Es ist unzweifelhaft: Die europäischen Eliten haben ein weiteres Projekt des *social engineering* begonnen, indem sie Millionen von islamischen Einwanderern ermutigt haben, nach Europa zu kommen. Das ist eine beispiellose Maßnahme, die umso gefährlicher ist, als sie in eine humanitäre Rhetorik verpackt wurde. Die humanitären Gefühle der Europäer werden mißbraucht, um ein politisch verantwortungsloses Projekt durchzuführen.

Die Konsequenzen eines solchen Projekts sind einfach vorherzusagen. Zum einen wird eine radikale Transformation der vorhandenen sozialen Identitäten stattfinden, da die Migranten aus einer vollkommen verschiedenen, nicht-westlichen Umgebung kommen. Diese Mischung von immer höheren Zahlen von Migranten und ihrer Feindseligkeit der westlichen Kultur gegenüber wird zu wachsenden Spannungen und Sicherheitsrisiken führen – wie das bereits der Fall ist. Nichts weist darauf hin, daß dieses bislang erfolglose demographische Experiment am Ende doch noch ein Erfolg wird.

Zum zweiten bietet der Zustrom von Migranten eine Gelegenheit, um den Nationalstaaten noch mehr Rechte zu entziehen und das europäische Zentrum – eine Kombination aus europäischer Bürokratie und der großen politischen Akteure – zu stärken, indem ihnen die Macht verliehen wird, in einem Bereich zu intervenieren, der bisher noch der Entscheidungshoheit der Nationalstaaten unterworfen war. Zum dritten hat das Projekt eine klare ideologische Komponente: Die europäischen Eliten lockt offensichtlich ein neues Gesellschaftsmodell, eine neue Phase des Multikulturalismus. Sie nehmen für sich die Rolle des Großen Erziehers in Anspruch, oder besser gesagt, des Großen Indoktrinators, der ganz Europa die korrekte Ideologie aufzwingen will.

Natürlich kann man auch zwischen der Migrationspolitik der EU und den Praktiken der kommunistischen Regimes Ähnlichkeiten entdecken. Denn auch diese hatten die vollständige Restrukturierung der Gesellschaft zum Ziel. Der Geltungsbereich des Experiments und das Maß des Eindringens in das soziale Gewebe berechtigt zu solchen Analogien. Aber vielleicht sollte man nicht so weit gehen. Es genügt festzustellen, daß die Art und Weise, wie die europäischen Eliten die Migrationskrise behandelt haben, gut illustriert, wie sich der moderne europäische Geist fast vollständig von jenen sozialen, kulturellen und moralischen Regeln entfernt hat, die Europa dazu gemacht haben, was es einmal war. Und das ist etwas, das die Kommunisten immer herbeigesehnt hatten.

KAPITEL 1

Geschichte

1.

Beginnen wir mit dem Offenkundigen: Der Kommunismus und die liberale Demokratie haben eine vergleichbare Auffassung von Geschichte. Gesellschaften – sagen die Anhänger beider Systeme – entwickelten und veränderten sich einem linearen Muster entsprechend, und sie entwickelten sich zum Besseren. Der überzeugendste Beweis für diesen Fortschritt, fügen sie hinzu, sei gerade die Entstehung des Kommunismus und der liberalen Demokratie. Selbst wenn es der Gesellschaft nicht immer, überall und in jeder Phase besser ginge als vorher, sollte der Fortschritt weitergehen, entsprechend den ewigen Wünschen der Menschheit, für deren Verwirklichung beide Regime behaupten, den zufriedenstellendsten Weg gefunden zu haben.

Die kommunistische Auffasung der Geschichte ist bekannt. Die einfachste Version, die in den Kreisen der Arbeiterklasse in den Volksdemokratien kursierte, besagte, daß der Kommunismus überall siegen werde, selbst in den kapitalistischen Vereinigten Staaten, in den Ländern der fernen afrikanischen Genossen und auf jedem Kontinent dieser Erde. Die marxistische Version war etwas komplexer: Marx und seine Gefolgschaft beschäftigten sich nicht mit dem Kommunismus als Ziel der Geschichte und stellten auch keine Überlegungen zu den politischen Mechanismen des Kommunismus an. Die Vorstellung war zu phantastisch und zu vage. Sie konzentrierten sich stattdessen auf die Analyse des Kapitalismus und auf den Übergang vom gegenwärtigen in das zukünftige System.

Es gibt im Wesentlichen drei Vorstellungen über den historischen Prozeß, der zum Kommunismus führen soll. Die erste besagt, der Sozialismus, beziehungsweise Kommunismus, sei das letzte Stadium der sozialen Entwicklung, wie durch die Marxschen Gesetze der Geschichte definiert. Engels beschrieb diesen Prozeß in seiner berühmten Rede anläßlich des Begräbnisses von Marx so: Wie Darwin die Gesetze der Natur entdeckte, habe Marx die Gesetze, die die Gesellschaften bestimmten, entdeckt. Diesen unerbittlichen und universell gültigen Gesetzen und der Logik der Geschichte folgend werde der Sozialismus den Kapitalismus verdrängen, ganz so, wie in der Natur bestimmte Spezies andere ersetzten, den Gesetzen der natürlichen Selektion entsprechend. Im weiteren Verlauf der Geschichte attackierten die Liberalen diese Ansicht heftig. Karl Popper, nur um einen der namhaften Kritiker zu nennen, argumentierte in seinen Werken über Historismus und Totalitarismus, daß Geschichte nicht Gegenstand einer wissenschaftlichen Untersuchung sein könne, weshalb es auch nicht möglich sei, Gesetze der historischen Entwicklung festzustellen. Tatsächlich sagte er noch mehr als das: Er behauptete, daß jene, die solche Gesetzmäßigkeiten formulierten, wie die Kommunisten, nicht nur einen methodologischen Fehler begingen, sondern auch den Weg zur politischen Gewalt ebneten, die sie im Namen der Zukunft als legitim erachteten.

In den kommunistischen Ländern wurde Engels' Auffassung von Geschichte in eine sehr einfache, aber politisch wirksame Formel übersetzt: Zwar würde am Ende der Kommunismus überall siegen, aber die einzelnen Länder seien auf diesem Wege mehr oder minder fortgeschritten. Am weitesten war – natürlich – die Sowjetunion. Die orthodoxen Jünger der Wissenschaft über die Gesetzmäßigkeiten der Geschichte mutmaßten, daß folgerichtig alle Länder die gleichen Stationen durchlaufen müßten wie die Sowjetunion. Im weiteren wurde diese doktrinäre Annahme modifiziert, und einige nationale Besonderheiten durften berücksichtigt werden. So gab es den polnischen, ungarischen oder rumänischen Weg zum Kommunismus. Der nationale Weg zum Kommunismus existierte zwar in der Praxis, aber schaffte es zu keinem Zeitpunkt in die offizielle Ideologie, da er das Undenkbare und Unverzeihliche, nämlich das Verlassen des „sozialistischen Lagers" hätte legitimieren können.

Die zweite Version der Theorie vom Übergang vom Kapitalismus zum Sozialismus beschrieb den Weg als Ergebnis bewußter menschlicher Aktion: Die Gesellschaft konnte zur nächsten Stufe der Entwicklung vorangebracht werden durch eine Gruppe, die sich ihrer historischen Rolle am meisten bewußt war. Um welche Gruppe es sich dabei handelte, war Gegenstand heftiger Diskussionen. Die am meisten verbreitete Antwort war: das Proletariat. Ein anderer Kandidat war die Kommunistische Partei, die Vorhut der Arbeiterklasse. Andere wähnten die Bauernschaft in der Vorreiterrolle wie in China, wo es zu der Zeit kaum Industrie und deshalb auch keine Arbeiterschaft gab. Wieder andere sahen Studenten und Intellektuelle als Vorhut – so geschehen während der 68er Revolten, die die westliche Welt erschütterten. Die Verfassungen der Volksdemokratien beschrieben die Avantgarde als „die Werktätigen in Stadt und Land", gemeint war freilich in der Praxis wieder nur die Kommunistische Partei.

Die dritte Theorie des Übergangs zum Kommunismus war die komplexeste und ist schwer in politische Kategorien zu übersetzen. Sie wurzelte in spezifischen anthropologischen Annahmen, die besagten, daß die historische Entwicklung der Menschheit in die Richtung des vollständigen Selbstbewußt-Werdens weise, was nichts anderes bedeute, als die volle Verwirklichung der menschlichen Natur. Diese Einsicht verdanken wir dem polnischen Philosophen Leszek Kołakowski, der in seinem Werk „Die drei Hauptströmungen des Marxismus" mit Hilfe früherer philosophischer Quellen den Schlüssel zum Verständnis der marxistischen Tradition fand. Das Streben nach der Verwirklichung des Kommunismus ist nicht allein erklärbar durch einen spezifischen politischen Plan oder einfach durch den Wunsch, den Machtkampf im Interesse der sozialen Gerechtigkeit zu gewinnen. All diese Strategien entspringen einer tieferen Quelle, dem Streben, dem menschlichen Potential zur vollen Blüte zu verhelfen.

Diese humanistisch-anthropologische Theorie, etwas verschachtelt ausgedrückt in der unverständlichen Sprache der deutschen Metaphysik, spielte eine bedeutende Rolle in der Geschichte des Marxismus. Sie wurde immer wieder ausgegraben, vor allem im zwanzigsten Jahrhundert, als sich der Kommunismus zu einem verbrecherischen Terrorregime entwickelt hatte. Das Ziel war, die menschliche Seite der Bewegung wiederherzustellen und – durch die verfeinerte Anthropologie – einen Kontrast zum bolschewistischen Sozialismus zu bilden. Der humanistische Vorstoß wurde mit dem jungen Marx unter dem Einfluß von Hegel assoziiert, der im Widerspruch zum späten Marx, Engels und Lenin, auch indirekt zur Sowjetunion und den Kommunistischen Parteien gestanden haben soll.

Diese drei Strömungen, die nicht von Marx unterschieden wurden, bildeten die Bestandteile der kommunistischen Vorstellung vom historischen Prozeß. Es gab Gesetze der Geschichte – Gesetze, die die Richtung der historischen Veränderungen objektiv bestimmten. Diese wurden durch menschliche Aktivitäten von Gruppen und Organisationen wie den Kommunistischen Parteien in die Tat umgesetzt, Organisationen, die sich in zunehmendem Maße ihrer historischen Rolle bewußt wurden. All dies würde zum zunehmenden Bewußtwerden der Menschheit führen, auf ihrem Wege zur erfüllten Existenz. Allerdings spielte in der kommunistischen Praxis die Einheit dieser drei Aspekte keine Rolle, da die Interpretation der historischen Strömungen nicht von philosophischen Grundlagen, sondern von der jeweils aktuellen Parteilinie abhing.

Das Konzept des Kommunismus als Gipfel der Geschichte erschöpfte sich nicht in der Abfolge politischer Regime. Geschichte bedeutete die Gesamtheit der menschlichen Erfahrungen, der menschlichen Natur, des Geistes, der sozialen Beziehungen, des Rechts, der Institutionen und sogar der Wissenschaft und der Künste. Die für die Veränderungen verantwortliche Gruppe war zunächst nur eine parteiische Gruppe, fast bedeutungslos im Zusammenhang des damals existierenden politischen Systems. Aber je näher die letzte Stufe der Geschichte rückte, umso größer wurde ihre Bedeutung, und schließlich wurde sie zum einzigen politischen Akteur, der imstande sein würde, alle und alles zusammenzuführen und zu transformieren – ob schrittweise oder radikal, friedlich oder mit Gewalt – und damit die menschliche Spezies auf eine neue, bis dahin nicht gekannte Ebene zu katapultieren. Der Gruppe, Partei oder Fraktion würde von einem bestimmten Punkt der Geschichte an die Aufgabe zufallen, Hebamme oder Architekt der neuen Gesellschaft zu sein, zunächst in einem Land und langfristig für die ganze Menschheit.

Vom Gesichtspunkt des Historizismus aus war jeder Widerspruch gegen diese Auffassung extrem schädlich und unsäglich dumm dazu. Die Feinde des Fortschritts waren hoffnungslos engstirnig, beschränkt auf die Interessen einer Klasse, dekadent, anachronistisch, zurückgeblieben und degeneriert. Früher oder später mußte diese Gegnerschaft Platz machen für etwas, was universalistisch und notwendig war und die ganze Menschheit umfaßte. Für jeden wachen Geist war es offenkundig, daß die Geschichte den Kommunisten den Sieg garantierte, und alles, was man tun mußte, war, geduldig auf die Zeichen des bevorstehenden Sieges zu warten. Kommunistische Künstler und Intellektuelle produzierten zahllose Traktate, Erzählungen, Filme und Theaterstücke, die die Feinde des Kommunismus auf den Müllhaufen der Geschichte verbannten und zeigten, wie die Armeen des Sozialismus siegreich ihrem Endziel entgegenmarschierten. Für den einfachen Bürger eines kommunistischen Staates reichte es aus, das Radio einzuschalten oder einen Blick in die Zeitungen zu werfen, um von dieser unerbittlich eintretenden Perspektive überzeugt zu werden.

Doch trotz des inbrünstigen Glaubens an seine historische Unvermeidlichkeit, entschwebte die Aussicht auf den Sozialismus für die ganze Menschheit in eine solche Ferne, daß man aufhörte, die Aussicht ernsthaft in Erwägung zu ziehen. Möglicherweise war der historische Beweis für die Richtigkeit des Kommunismus gegeben, aber die Zeichen für seinen Sieg wurden immer schwächer. Die Weltrevolution blieb aus und rückte nicht einmal näher. Der gescheiterte Versuch, die Flamme der bolschewistischen Revolution in den Westen Europas zu tragen, beendete ein Kapitel der kommunistischen Erzählung.

So wurde die Idee, alle Menschen der Erde an den Segnungen des Kommunismus teilhaben zu lassen, begraben. Stattdessen verdoppelte die Partei ihre Bemühungen in den Ländern, die das Glück hatten, sich im kommunistischen Lager zu befinden. Der Erfolg der neuen Ordnung hing davon ab, wie stark und wie schnell es den kommunistischen Ideen gelang, sämtliche Bereiche des Lebens zu durchdringen. Mit anderen Worten: die ganze Gesellschaft mußte in eine kommunistische Gesellschaft transformiert werden. Alle Gemeinwesen und Institutionen wurden von der Kommunistischen Partei kontrolliert, dem einzigen Herren über sozialistische Standards. Wir in Polen hatten eine sozialistische Gesellschaft, sozialistische Schulen und Universitäten, die sozialistische Familie und Moral und eine Zeit lang sogar sozialistische Kunst und den sozialistischen Realismus.

Was bedeutete das in der Praxis? In erster Linie so viel, daß jeder am „Aufbau des Sozialismus“ beteiligt sein mußte, und daß man dieser Aufgabe nicht ausweichen konnte. Sollte jemand die Verpflichtung umgehen wollen, konnte er zu Recht verdächtigt werden, dumm oder böswillig oder beides zu sein. Selbst relativ unabhängige Organisationen – und davon gab es nur sehr wenige – mußten in regelmäßigen Abständen Erklärungen abgeben, um zu beweisen, daß sie sich an der Arbeit nach bestem Können beteiligten und das Projekt als besonders wichtig erachteten. Am Anfang, nach der kommunistischen Machtübernahme, bedeutete das die radikale Umstrukturierung der Gesellschaft, die alles veränderte, so, daß nichts mehr blieb, wie es vorher war. Diese Erfahrung machten Universitäten, Schulen und alle anderen Organisationen, die, als sie im Sinne des kommunistischen Systems neu strukturiert wurden, ihre Wurzeln verloren und eine neue Funktion und eine neue Identität erhielten.

Eine geraume Zeit lang war der Aufbau des Sozialismus gleichbedeutend mit dem Wettrennen mit dem Kapitalismus und der bürgerlichen Gesellschaftsordnung. Je sozialistischer wir wurden, umso weniger waren wir kapitalistisch-bürgerlich und so machten wir Fortschritte im Wettrennen. Nach einiger Zeit ließ die Wettkampf-Rhetorik nach, weil die Chancen des Sieges und damit auch die Selbstgewißheit der kommunistischen Führung schwanden. Es blieb allerdings die Angewohnheit – zumindest verbal – alles zu verdammen, was kapitalistisch und bourgeois war, denn der Kommunismus war in dieser oder jener Form unser Schicksal. Für uns alle, die wir im „sozialistischen Lager“ lebten, war die Geschichte vorherbestimmt. Selbst wenn von Zeit zu Zeit kapitalistisch-bourgeoise Lösungen vom Westen übernommen werden mußten, um das Land vor größeren Desastern zu bewahren, so mußten diese ein sozialistisches Etikett bekommen.

2.

Die liberale Demokratie hat und hatte kein offizielles Konzept der Geschichte, das einem bestimmten Autor zugeschrieben werden könnte. Es gibt keinen liberalen Marx, Lenin oder Lukács. Nichtsdestoweniger benutzten die Liberalen und Demokraten ein typisches Muster von Geschichte, an dem sie leicht zu identifizieren waren. Dieses Muster erschien in den von ihnen geäußerten Meinungen ebenso wie auf einer weniger abstrakten Ebene in den volkstümlichen Meinungen und Stereotypen, die das liberale Denken im Alltag repräsentierten. Nach Ansicht der Liberalen war die Geschichte der Welt die Geschichte des Kampfes für die Freiheit. Er richtet sich gegen Feinde, die, je nach Epoche verschieden, aber immer Feinde der Freiheit waren. In demokratischen Ordnungen geht es um den fortgesetzten Kampf des Volkes um die Macht, gegen Kräfte, die es jahrhundertelang unterworfen haben. Beide politischen Strömungen, die liberale und die demokratische, hatten einen Feind, die im weiten Sinne verstandene Tyrannei, die im langen Verlauf der Menschheitsgeschichte eine Reihe von besonderen Verkleidungen angenommen hatte. Manchmal war es die Monarchie, häufig die Kirche, in anderen Fällen die Oligarchie. Der Hauptfeind der Freiheit wurde in verschiedenen Formen beschrieben, den verschiedenen Traditionen der einzelnen Länder entsprechend. John Stuart Mill schrieb in der Einleitung seines Buches „Über die Freiheit“: „Der Kampf zwischen Freiheit und Autorität ist der bezeichnendste Zug in den Geschichtsabschnitten, mit denen man uns am frühesten vertraut macht …“[1]

Die englischen Whigs beschrieben in ihrem historischen Konzept die dramatische politische Geschichte ihres Landes. Nach dieser Ansicht war die Geschichte der britischen Zivilisation gleichbedeutend mit der fortschreitenden Ausdehnung der Freiheit und ihrer juristischen Absicherung, sowie dem Verschwinden der negativen Praktiken der Autokratie und der willkürlichen, vom Volke und dem Parlament nicht kontrollierten Selbstherrschaft. Die Geschichte Englands konnte demzufolge als das Aufkommen des

1 John Stuart Mill: *Über die Freiheit*, 1974, Stuttgart, S. 7

Parlaments erzählt werden, der Schaffung einer konstitutionellen Monarchie und eines Rechtssystems, das beides sanktionierte.

Die Ansicht der Whigs über die Geschichte Großbritanniens verdient es, in einem weiteren Fokus betrachtet zu werden, denn einige Autoren sehen in dieser Geschichte das grundlegende libertäre Modell der Entwicklung schlechthin. Die Idee der Freiheit in der westlichen Zivilisation – so behaupten sie – sei am klarsten repräsentiert in der englischen Geschichte. Dort sei sie in ihrer reifsten Form vorzufinden, dort sei sie am stärksten im Recht, in den Institutionen, den Gepflogenheiten und Mechanismen der Freiheit verankert – so empfanden viele Anglophile, beginnend mit den Denkern der Aufklärung bis hin zu Friedrich von Hayek.

Natürlich muß man sich unter diesen Umständen fragen, was die Vertreter dieser Ansicht erwarten, was am Ende der Geschichte sein würde, wenn die Freiheit die Tyrannei besiegt hätte. Immerhin bot der Kommunismus Millionen Menschen eine verlockende, wenn auch vage Vision. Der Kommunismus versprach viel Freizeit, das Ende der Entfremdung, eine lohnende und erfüllende Beschäftigung, vergesellschaftete Produktionsmittel, wodurch sichergestellt werden würde, daß die Bedürfnisse aller befriedigt werden. Was das alles genauer bedeuten würde, wußte niemand. Als der sowjetische Kommunismus entstand, sagten einige, dies sei genau das System, das die sozialistischen Propheten gemeint hatten. Andere widersprachen dem entschieden und behaupteten, daß der Kommunismus eine schreckliche Perversion des echten Sozialismus sein, während wieder andere der Meinung waren, daß das sowjetische Regime nur eine Übergangsphase sei, etwas Unangenehmes aber Notwendiges, was zur zukünftigen Verwirklichung der sozialistischen Ideale führen würde. In Anbetracht der vagen Vorstellungen über den wahren Sozialismus war an allen drei Annäherungen etwas dran.

Obwohl die liberale Vision die Herzen und die Geister weniger bewegen konnte als die kommunistische, war sie immerhin doch etwas konkreter. Die Triebkraft des Liberalismus war sein kooperativer Charakter, wodurch die Menschheit schließlich auf eine höhere Stufe der Entwicklung gelangen würde. Das Zeitalter der Konflikte, Kriege und der Gewalt – hieß es – gehe seinem Ende entgegen, und die Epoche der Kooperation, des Wohlstands und des Fortschritts würde sie ablösen. Kurz gefaßt: die Ära des Liberalismus war die Ära des Friedens. Diese Ideen findet man bei Adam Smith, Frédéric Bastiat und anderen klassischen Liberalen. Heute klingen sie nicht besonders großartig oder originell. Aber seinerzeit gehörte der Krieg zur allgemeinen Erfahrung, und deshalb war das Versprechen des Friedens sehr verlockend, ja geradezu unrealistisch, und die Theorien, die sie versprachen, erschienen aufregend ob ihrer Kühnheit.

In seinem berühmten Werk „Zum ewigen Frieden" schrieb Immanuel Kant, daß diese gesegnete Ära durch den aufgeklärten Absolutismus herbeigeführt werden könnte und sollte. Er glaubte daran, daß Tyrannei, Despotismus und andere anachronistische Regime die Herausbildung menschlicher Fähigkeiten behinderten und die Menschen in einem Zustand der Abhängigkeit und Hilflosigkeit fesselten. Die Arbeit an diesem Mißstand könne beginnen, wenn derartige Regimes beseitigt würden, zum Teil als Ergebnis des spontanen inneren Wunsches nach Selbstverbesserung des Geistes und zum Teil als Verfügung aufgeklärter Herrscher. Am Ende würde eine Gesellschaft von besseren und rationaleren Individuen entstehen.

Beim Vergleich zwischen dem liberal-demokratischen Konzept von Geschichte und dem des Kommunismus fallen Gemeinsamkeiten sowohl in der Argumentation als auch in der Vorstellung vom historischen Prozeß auf. Drei Züge des Marxschen Werkes haben ihre Entsprechung in der liberal-demokratischen Tradition. Der eine Zug ist der Glaube an die Eigenbewegung von Geschichte, die unvermeidlich und siegreich in die Ära des ewigen Friedens führen werde, oder in anderen Begriffen ausgedrückt: Die Menschheit werde durch die Vervollkommnung von Handel und Kooperation die Tyrannei besiegen und die Freiheit erringen. Der zweite Zug ist die Bedeutung menschlichen Handelns, nicht gelenkt durch die Partei, aber vorangetrieben durch aktive Unternehmer, verschiedene Typen von Freiheitskämpfern, bedeutende Gruppen von Minderheiten, Eliten und aufgeklärte Herrscher, die die bis dahin in Apathie, Versklavung und Ignoranz dahinvegetierende Menschheit auf die neue Ära vorbereiten. Der dritte Zug ist das Versprechen einer von Ignoranz und Aberglaube befreiten Gesellschaft, nachdem die Menschheit Reife und intellektuelle Unabhängigkeit errungen hat.

3.

Während der vergangenen 150 bis 200 Jahre entwickelten sich die Konzepte von Kommunismus, Liberalismus und Demokratie unter dem Druck der Realität. Es kann jedoch kaum einen Zweifel daran geben, daß die ersten beiden Ansichten – daß nämlich Geschichte ein eigenes Muster hat und daß durch bewußtes menschliches Handeln eine bessere Welt entstehen kann – auch im modernen politischen Denken eine starke Präsenz zeigen.

Nur wenige sprechen heute von den Gesetzen der Geschichte, im wesentlichen deshalb, weil die quasi-wissenschaftliche Ausdrucksweise ihre Anziehungskraft verloren hat. Dessen ungeachtet halten Kommunisten und liberale Demokraten weiterhin an der Idee fest, daß die Geschichte auf ihrer Seite sei. Wer gedacht hat, daß der Zusammenbruch der Sowjetunion den Glauben an die Unvermeidbarkeit des Sozialismus erschüttern würde, hat sich getäuscht. Dieser Glaube ist so fest wie eh und je, und die frühere Praxis des Sozialismus – ob im sowjetischen Herrschaftsbereich oder im Westen – wird weiterhin geschätzt, nicht etwa, weil sie einen Nutzen für die Gesellschaft gebracht hätte, sondern weil man immer noch davon überzeugt ist, daß sie der richtigen Richtung der sozialen Veränderungen entsprechen würde. Eine ähnliche Geisteshaltung kann man unter liberalen Demokraten beobachten. Sie sind ebenso felsenfest davon überzeugt, daß sie sowohl die der sozialen Entwicklung innewohnende Dynamik als auch die natürliche Richtung der menschlichen Bestrebungen vertreten.

Sowohl Kommunisten als auch liberale Demokraten bekennen sich zum Unvermeidlichen und objektiv Notwendigen in der Geschichte, gleichzeitig aber bekennen sie sich auch zur freien Tätigkeit von Parteien, Gruppen, Gemeinschaften und Organisationen, worin sich für sie das Unvermeidliche und objektiv Notwendige offenbart. Beide sprechen liebevoll von „den Menschen“, von den großen sozialen Bewegungen, zugleich aber haben sie keine Skrupel, die gesellschaftliche Spontaneität zu unterbinden, wenn dies den sozialen Fortschritt beschleunigt.

Zugegeben, für liberale Demokraten ist die Kombination dieser beiden Stränge eine größere intellektuelle Herausforderung als für Sozialisten. Gerade die liberale Demokratie sollte die Handlungsfreiheit gut heißen, das heißt, daß alle Menschen, Gruppen oder Parteien das Recht haben, selbst zu entscheiden, welche Ziele sie verfolgen wollen. Und doch sind die Schriften, der Geist und die Praxis der liberal-demokratischen Glaubenslehre weit restriktiver: Auf dem Weg der Modernisierung verlieren Aktionsprogramme und Ziele ihre Legitimation, sofern sie andere als liberaldemokratische Zielsetzungen verfolgen. Die Notwendigkeit des Aufbaus der liberal-demokratischen Gesellschaft beinhaltet demzufolge die Rücknahme der Freiheitsgarantie für all jene, deren Aktionen und Interessen als feindlich gegenüber der von den liberalen Demokraten definierten eingestuft werden.

So führt die Auffassung der liberalen Demokraten von Geschichte zu einer ähnlichen Schlußfolgerung, wie sie die Kommunisten von ihrem Glauben an das historische Privileg ihres Systems gezogen haben: Mit der Zeit muß alles in der Gesellschaft liberal-demokratisch und vom Geist des Systems durchtränkt werden. So wie einst alle Begriffe mit den Adjektiven „sozialistisch" oder „kommunistisch" versehen werden mußten, muß jetzt alles liberal, demokratisch oder liberal-demokratisch werden. Diese Etikettierung verleiht dem betreffenden Begriff automatisch Seriosität und Glaubwürdigkeit. Die Weigerung, oder noch schlimmer, die ostentative Ablehnung dieser Bezeichnungen wird gnadenlos kritisiert. Die trotzdem dabei bleiben, werden moralisch diskreditiert, ihnen wird mit der Auslöschung durch die Geschichte gedroht.

Die postkommunistischen Länder liefern schlagende Beweise für dieses Vorgehen. Der Glaube an die „Normalität" der liberalen Demokratie, oder anders gesagt, die Ansicht, daß dieses System der einzige allgemein anerkannte Weg und die einzige Methode der Organisation des gemeinschaftlichen Lebens schlechthin ist, war in diesen Ländern besonders stark. Eine Begleiterscheinung war die Auffassung, daß die Vereinigten Staaten und die Westeuropäer auf diesem Weg am weitesten fortgeschritten, während wir

Osteuropäer weit zurückgeblieben seien. Demzufolge sei die optimale Entwicklung, daß die zurückgebliebenen Länder zu denen an der Spitze aufschließen, indem sie deren Erfahrungen wiederholen, ihre Lösungen implementieren und die gleichen Herausforderungen meistern. So war es keine Überraschung, daß sich sofort eine Gruppe von selbsternannten, eloquenten Geburtshelfern des neuen Systems konstituierte. Die wenigen Aufgeklärten nahmen die Pflicht auf sich, die Richtung für die Veränderungen zu weisen und anachronistisch zurückgebliebenen Geistern das neue liberaldemokratische Bewußtsein einzuflößen. Sie fühlten sich wie die Kant'schen preußischen Könige, zum Glück ohne deren Macht, aber mit dem Bewußtsein, eine ähnliche Rolle als die Pioniere der aufgeklärten Zukunft zu spielen.

Ihrer Ansicht nach – und dieser Ansicht folgen bewußt oder unbewußt Millionen von Menschen – sollte das politische System alle Bereiche des öffentlichen und privaten Lebens durchdringen, analog zu den Auffassungen der Geburtshelfer des kommunistischen Systems. Nicht nur der Staat und die Wirtschaft sollten liberal, demokratisch oder liberal-demokratisch werden, sondern die ganze Gesellschaft, Ethik, Sitten, Familie, Kirche, Schulen und Universitäten, Gemeinden, Organisationen, Kultur und auch die menschlichen Gefühle und Wünsche. Menschen, Strukturen und Ideen außerhalb des liberal-demokratischen Musters galten als überholt, rückwärtsgewandt und nutzlos, aber zugleich auch als extrem gefährlich, als Überreste des alten autoritären Systems. Manches mochte man noch für eine gewisse Zeit tolerieren, aber jedem mit auch nur einer minimalen Intelligenz dürfte es klar geworden sein, daß diese Überreste auf dem Müllhaufen der Geschichte enden würden. Und weil die Fortexistenz der Gegner den liberal-demokratischen Fortschritt bedroht, soll man sie mit der Härte behandeln, die sie verdienen.

Sobald politische Gegner auf den Misthaufen der Geschichte verbannt werden, erübrigt sich jede Diskussion mit ihnen. Warum die Zeit damit verbringen, mit jemandem zu streiten, den die Geschichte zur Nicht-Existenz und zum Verschwinden verurteilt hat? Warum mit jemandem ernsthaft debattieren, der das historisch nicht Verteidigbare vertritt, was sowieso eines Tages verschwinden wird? Leute, die keine liberalen Demokraten sind, muß man statt mit ihnen zu debattieren, verurteilen und auszulachen; mit ihnen zu diskutieren, ist wie mit Alchimisten und Geozentrikern zu debattieren.

Unter liberalen Demokraten weiß jeder, daß sich die Familie früher oder später liberalisieren und demokratisieren muß. Das heißt, die Autorität der Eltern muß schwinden, die Kinder werden sich von der Vormundschaft der Eltern befreien und die familiären Beziehungen werden in immer größerem Maße Gegenstand von Verhandlungen und auf diese Weise weniger autoritär. Das ist eine unabwendbare Folge der zivilisatorischen und politischen Entwicklung, die den Menschen immer mehr Gelegenheiten zur Unabhängigkeit bietet, und diese Prozesse sind von grundlegendem Vorteil, da sie die Gleichheit und Freiheit in der Welt fördern. Deshalb gibt es keinen legitimen Grund, die traditionelle Familie zu verteidigen, und sollte es jemand doch tun, ist er zum Verlieren verdammt, da er den Prozeß der Fortentwicklung aufhält. Die traditionelle Familie war schließlich Teil des alten Despotismus, und mit ihrem Untergang verliert das unterdrückerische System seine Basis. Die Liberalisierung und Demokratisierung der Familie muß daher tatkräftig unterstützt werden – in erster Linie durch eine entsprechende Gesetzgebung: durch mehr Macht für die Kinder, durch die Erlaubnis für immer jüngere Mädchen, ohne die Zustimmung ihrer Eltern Abtreibungen vorzunehmen, durch die Schaffung von juristischen Möglichkeiten, mittels derer Kinder Ansprüche gegen ihre Eltern geltend machen können und auch durch die direkte Entmachtung der Eltern und die Übertragung ihrer Rechte auf staatliche Instanzen und Gerichte. Auch die Schulen und andere Institutionen wie Kirchen, Gemeinwesen und Vereine müssen in der liberalen Demokratie immer demokratischer und liberaler werden. Und auch hier ist es unvermeidlich, daß der Staat, die Gesetzgebung und die öffentliche Meinung entschieden gegen alle Zurückgebliebenen Stellung beziehen.

So ist die liberale Demokratie – ähnlich dem Kommunismus – zu einem System geworden, das alle Lebensbereiche durchdringt. Es kann und darf kein Segment der Realität geben, das nicht hinreichend und unangefochten liberal-demokratisch ist. Das Bildungswesen, die Kunst und die Wirtschaft – sie alle stehen vor den gleichen Problemen, entwickeln die gleichen Mechanismen, das gleiche Muster des Denkens, die gleiche Sprache und Gewohnheiten. Genau so schwierig wie im real existierenden Sozialismus wird es in der real existierenden Demokratie sein, ein nicht doktrinär durchtränktes Segment im Narrativ, im Denken und im Ton zu finden.

In gewisser Weise ist die liberale Demokratie eine viel heimtükkischere ideologische Mystifikation als der Kommunismus. Während des Kommunismus war es klar, daß die kommunistische Idee in allen Zellen des sozialen Lebens vorherrschend sein mußte, und daß die Kommunistische Partei mit den Instrumenten des brutalen Zwangs und der Propaganda ausgerüstet war, um dies auch durchzusetzen. In der liberalen Demokratie existieren diese offiziellen Wächter der vorherrschenden Doktrin nicht. Paradoxer Weise ist dadurch der umfassende Charakter des Systems schwerer faßbar, zugleich jedoch noch tiefgreifender und schwieriger umzukehren. Die Menschen haben – oft auf einem vorbewußtem Niveau – akzeptiert, daß die Beseitigung jener Institutionen, die mit den liberal-demokratischen Prinzipien nicht vereinbar sind, ein weiser und notwendiger Schritt sei.

Vor vierzig Jahren, als das liberal-demokratische Monopol in schneller Entwicklung begriffen war, stellte Daniel Bell, ein populärer Sozialwissenschaftler, die These auf, daß die moderne Gesellschaft durch die Trennung von drei Bereichen gekennzeichnet sei: des sozialen, der ökonomischen und der politischen Bereiche. Sie würden sich auf verschiedenen Stufen der Entwicklung befinden, hätten eine unterschiedliche Dynamik und unterschiedliche Zielsetzungen, und seien verschiedenen Mechanismen und Einflüssen unterworfen. Dieses Modell der strukturellen Verschiedenheit, die Bell konstatiert hat, war eine attraktive Vorstellung – oder vielmehr, es hätte eine attraktive sein können. Denn das genaue Gegenteil war passiert. Es fand keine Trennung statt, sie wurde vielmehr aufgehoben. Alle Bereiche fanden unter der liberal-demokratischen Formel zusammen: die Wirtschaft, die Politik, die Gesellschaft, und wie sich zeigen sollte, auch die Kultur.

4.

Die Idee, daß politische Regime durch historische Notwendigkeiten zustandekommen, ist mindestens zweifelhaft, wenn nicht aberwitzig. Es besteht kein Zweifel, daß eine unendliche Zahl von verschiedenen Parametern, unbekannte und unerwartete mit inbegriffen, die Richtung der Geschichte ändern können. Außerdem sollten selbst überzeugte Liberal-Demokraten bedenken, daß es viele löbliche Zielsetzungen gibt, die mit den Mechanismen und Traditionen ihrer Bewegung nicht übereinstimmen, die aber trotzdem viele Menschen verfolgen könnten und auch sollten, weil sie unsere Erfahrungen bereichern und seit Menschengedenken angestrebt wurden. Wenn wir einmal akzeptieren – was liberale Demokraten in der Regel tun – daß der menschliche Fortschritt durch die Kreativität, den Erfindungsgeist, die Macht der Phantasie und der Freiheit des Denkens entstanden ist, und daß diese Eigenschaften imstande waren, den Gang der Geschichte zu ändern, warum sollten wir dann die selbstgefällige Vorstellung hegen, daß die gleichen Eigenschaften niemals über den liberal-demokratischen Horizont hinausführen könnten?

Der Stachel des Hegelianismus (oder kurz, die Verehrung der historischen Notwendigkeit) wurde vor allem von dem polnischen Philosophen und Schriftsteller Czesław Miłosz in seinem Werk „Verführtes Denken" gut beschrieben, in dem er die Kriecherei polnischer Intellektueller vor den Kommunisten analysiert. Der Autor selbst war eine Zeit lang ein Anhänger dieser Haltung, setzte sich jedoch im Weiteren schmerzhaft mit den wechselhaften Gestalten des Historizismus auseinander, ohne sich von ihm endgültig lösen zu können. Miłosz beschreibt sehr genau die Art des Denkens, die Künstler und Intellektuelle dazu verführte, sich dem kommunistischen Glauben hinzugeben und folgerichtig ihr ganzes intellektuelles und künstlerisches Vermögen der Legitimation kommunistischer Grausamkeiten zu widmen. Er erfaßt damit einen wichtigen – wenn auch nicht vollständigen – Aspekt des Verrats der Intellektuellen in totalitären Systemen.

Die Vergötterung der liberalen Demokratie, wie wir sie heute bei den gleichen Gruppen, die sich so willfährig den totalitären Versuchungen des Kommunismus hingaben, beobachten können, gehört offensichtlich zur Krankheit, der gegenüber Intellektuelle und Künstler besonders empfänglich sind. Heute weisen sie sogar die geringfügigste Kritik an der liberalen Demokratie zurück, akzeptieren selbst die offensichtlichen Übel des Systems, bringen Abweichler zum Schweigen und unterstützen bedingungslos die Ideologie des einzigen idealen politischen Systems. Die geistige Versklavung, die Miłosz beschrieb, war offensichtlich keine kurzfristige Verblendung durch den Kommunismus, sondern ein dem modernen Geist inhärentes Gebrechen.

Stellen wir uns zwei gegensätzliche Denkweisen vor, vertreten durch die Haltung eines alten Mannes und eines Jugendlichen. Der alte Mann mit seinen reichen Erfahrungen will keine weiteren fundamentalen Veränderungen, sieht er sie doch als immer wiederkehrendes Symptom der Unreife. Der energiegeladene Jugendliche dagegen will voller Begeisterung an der Veränderung der Welt zum Besseren mitwirken – nach einem Plan, von dem er glaubt, er sei allen bisherigen Plänen überlegen. Der alte Mann zieht es vor, nachdenklich zu bleiben und die Jüngeren dazu aufzufordern, von den Älteren und Weiseren zu lernen, er ruft nach Demut, Vorsicht und Umsicht. Der Jugendliche ist aktiv, erteilt gerne Befehle an andere, ist voller Stolz, mutig in seinen Handlungen, träumt von Grenzüberschreitungen und bewundert sie bei anderen. Der alte Mann neigt zum Gedanken, daß alles bereits getan sei; der Jugendliche glaubt dagegen, daß sich vor ihm persönlich, vor der Gesellschaft oder gar der Menschheit gerade eine einmalige historische Möglichkeit auftut. Der alte Mann hängt an der Idee eines goldenen Zeitalters, in dem alles besser war, bis ein dauerhafter und immer tiefer greifender Niedergang begann, verursacht von der Verderbtheit der Menschheit. Der Jugendliche schaut in die Zukunft und glaubt daran, daß die beste Zeit des Menschengeschlechts noch vor ihr steht, und daß die Geschichte – trotz einiger Rückschläge – einen stetigen Fortschritt hervorbringt. Der Alte zeigt ausgewogene Reaktionen und Einschätzungen, sucht nach einem angemessenen Kurs in der Welt, die seiner Ansicht nach auf menschlichem Irrtum, mangelhafter Erkenntnis der Realität und vorschnellen Wagnissen beruht. Der Jugendliche mit seinem erregbaren Naturell bewegt sich zwischen Verzweiflung und Euphorie, identifiziert begierig zahlreiche Feinde und befürwortet redegewandt deren Vernichtung, er beteiligt sich mit Freuden an der Zusammenarbeit mit anderen, da er davon überzeugt ist, die Welt sei voller rational handelnder Menschen. Der Alte sagt, daß in Anbetracht der Schwächen des Menschen, die Institutionen und Gemeinschaften (wie Familien, Schulen und Kirchen) geschützt werden sollten, weil sie sich im Laufe der Jahrhunderte als Instrumente zur Zähmung der üblen menschlichen Neigungen bewährt haben. Der Jugendliche wird fordern, daß Institutionen und Gemeinschaften radikal durchleuchtet, durchlüftet und transformiert werden, da sie Verknöcherungen historischer Ungerechtigkeiten seien. Der Alte ist ein Einzelkämpfer, der davon überzeugt ist, daß nur seine Haltung die Integrität des Geistes bewahren kann; der Jugendliche hingegen schließt sich gierig der Herde an, genießt den Aufruhr, die Mobilisierung, die direkte Aktion.

Wenn wir den modernen Geist im Lichte dieser Dichotomie betrachten, können wir festhalten – auch auf die Gefahr einer gewissen Vereinfachung hin –, daß er dem des Jugendlichen mehr ähnelt, als dem des Alten. Dieser Geist, gewappnet mit einer Vielzahl von Behauptungen und technischen Möglichkeiten, unternahm das große Wagnis, das Wissen, die Gesellschaft und die Individuen zu verändern. Die wichtigste dieser Behauptungen ist, daß der Sinn menschlicher Existenz die Veränderung der Dinge sei. Der Jugendliche untermauert diese Annahme – seinem Alter entsprechend – mit Arroganz, Genußsucht und Verantwortungslosigkeit.

Die sozialistische und liberal-demokratische Interpretation von Geschichte ist typisch für Jugendliche: Sie verspricht große Umgestaltungen, sie ist kühn, absolut, simplizistisch, durch optimistische Projekte leicht zu beeindrucken. Es ist nur verständlich, daß sich spätestens seit der Renaissance so viele Intellektuelle in den Dienst dieses Versprechens gestellt und Revolutionen und revolutionäre Pläne verherrlicht haben. Für den Jugendlichen präsentierte sich der Kommunismus seinerzeit als die umfassendste und erhabenste Idee einer solchen Transformation. Die andere Idee zu der Zeit, die zumindest im Stil dem Sozialismus nahe stand und in verschiedenen nationalen Versionen entstand, war der Faschismus. In seiner italienischen Interpretation erhielt der Faschismus als Manifestation von Jugendlichkeit am meisten Beifall.

In den parlamentarischen Systemen zeigte man dafür wenig Begeisterung. Verschiedene nationale Traditionen halfen Nüchternheit zu bewahren, und man war damit gut gefahren zu einer Zeit, als die halbe Welt verrückt war nach Kommunismus, Faschismus, dem deutschen Nationalsozialismus und – mit Unterstützung der Massen und von großen Teilen der Eliten – vor deren blutigen Exzessen kapitulierte. Doch sobald „Demokratie" und „liberale Demokratie" zu Modellen wurden, wich die Nüchternheit. Plötzlich nahm man an, daß die liberale Demokratie als der globale Bahnbrecher des Fortschritts dazu berufen sei, im Gegensatz zu ihren Vorgängern und Konkurrenten, die Menschheit auf eine Stufe der Entwicklung zu katapultieren, von der man Jahrhunderte lang nur träumen konnte.

Intellektuelle in liberalen Demokratien stehen heute vor einem ähnlichen Dilemma wie einst ihre sozialistischen Kollegen: Entweder schließen sie sich dem breiten Strom der Geschichte der lebendigen Jugend an und verändern die Welt, oder sie verwandeln sich in mürrische alte Männer, die niemand mag und deren Weisheiten kaum gesellschaftlichen Einfluß haben. Vielen fiel die Entscheidung allerdings nicht besonders schwer. Mit dem – sozialistischen oder liberal-demokratischen – Strom zu schwimmen verleiht den Intellektuellen mehr Macht, oder zumindest die Illusion davon. Sie können sich als Teil der machtvollen globalen Maschinerie der Transformation fühlen. Sie verstehen nicht nur den Prozeß der Veränderungen besser als die anderen und wissen, wie die Welt zu organisieren ist, sie wissen auch ganz genau, welche Erscheinungen, Gemeinschaften und Institutionen verschwinden, oder, sollten sie Widerstand leisten, welche im Interesse der Zukunft eliminiert werden müssen. Deshalb begegnen sie jedem, der das Unaufhaltsame aufhalten will, mit entrüstetem Bedauern. Sie betreiben die Lieblingsbeschäftigung von Jugendlichen: Das bestehende im Namen der Zukunft zu kritisieren, was allerdings der große Teil der Menschheit, jene, die weniger hellsichtig und intelligent sind als sie, nicht verstehen können.

Der Jugendliche, der sich der liberalen Demokratie verschrieben hat, ist allerdings in einer Hinsicht anders als sein kommunistischer Genosse. Der Kommunismus war ein reines Produkt der Einbildung von Theoretikern, die ihn zum Gegenstand eines brutalen Experiments machten – gegen den Willen der jeweiligen Mehrheiten. Die liberale Demokratie dagegen ist keine Erfindung, sondern ein System, das auf eine beeindruckende Vorgeschichte zurückblicken kann und aus der geballten Erfahrung von vielen Generationen entstanden ist. Während der Zeit der Todeslager, der Gulags, der Fünfjahrespläne und der Polizeistaaten bewahrten und verteidigten die westlichen Länder den Parlamentarismus, das Mehrparteiensystem und die Herrschaft des Rechts – Errungenschaften, die nicht zu überschätzen sind.

Doch an einem bestimmten Punkt wurde dieses System, das viele verschiedene Varianten hatte, hochmütig und dogmatisch, und begann sich nicht mehr der Lösung politischer Konflikte zu widmen, sondern der Transformation der Gesellschaft und der menschlichen Natur. In dem Maße verlor es seine Zurückhaltung und Vorsicht, es schuf mächtige Instrumente, um jeden Aspekt des Lebens zu beeinflussen, initiierte Institutionen und Gesetze, die immer öfter der Versuchung erlagen, ideologische Kriege gegen ungehorsame Bürger und Gruppen zu führen. Es tappte in die Falle der Selbstbeweihräucherung, begann sich immer stärker in Abgrenzung zu seinen Opponenten zu definieren: gegen alle möglichen Sorten von nicht-liberalen und nicht-demokratischen Feinden, deren Niederwerfung als die notwendige Voraussetzung für das Erreichen der nächsten Stufe ideologischer Reinheit erachtet wurde. Das Mehrparteiensystem verlor Schritt für Schritt seinen pluralistischen Charakter, der Parlamentarismus wurde zu einem Instrument der Tyrannei in den Händen einer ideologisch zusammengehaltenen Mehrheit, und die Herrschaft des Rechts verwandelte sich in juristische Willkür.

So kann der jugendliche Geist, der früher mit dem Kommunismus flirtete, ohne auf den geringsten Widerstand zu treffen, seine Gefühle auf die liberale Demokratie übertragen und die gleiche Begeisterung empfinden, ohne daß dieses System je zu jenen drastischen Maßnahmen greifen müsste, wie sie aus der Geschichte des Kommunismus bekannt sind. Im Vertrauen auf die humanistischen Werte seiner neuen liberal-demokratischen Überzeugung, füllt er die alten Institutionen mit neuer Energie und neuen ideologischen Inhalten, ohne sich bewußt zu werden, daß diese Institutionen nicht mehr das sind, was sie einst waren und nunmehr neuen Zielsetzungen dienen.

5.

Ein drittes Narrativ über den Übergang zum neuen System besagt, daß erst im Kommunismus die Menschheit ihr volles kreatives Potential entwickeln kann. Obwohl dieser Aspekt anfangs leidenschaftlich betont wurde, hat er immer mehr an Wichtigkeit eingebüßt und ist in der Praxis fast verschwunden. Hin und wieder versuchten ihn sozialistische Visionäre neu zu beleben, de facto hatte er aber in der kommunistischen Realität keinen Platz mehr. Das neue Regime hatte sich vielmehr mit gigantischen praktischen Problemen auseinanderzusetzen. Wer mochte sich schon mit der Selbsterkenntnis der Menschheit befassen, während die Bevölkerung unter chronischem Mangel litt und die politische Führung einen heldenhaften Kampf gegen die Probleme führte, die sie selbst geschaffen hatte.

Es ist paradox, daß der Sozialismus, der mit einer großen humanistischen Botschaft begann, nicht nur seine Zielsetzungen alsbald herabsetzte, sondern sie auch ununterscheidbar machte von jenen, die der Kapitalismus bereits erreicht hatte. Der junge Marx benutzte noch die idealistische Begrifflichkeit Hegels, um den Weg der Menschheit zur vollen Blüte zu beschreiben. Der reife Marx jedoch schrieb über den Mehrwert, der eindeutig auf die Ausbeutung und seine Aufhebung verwies. So ist es nicht weiter überraschend, daß sich die sozialistischen Länder von Anfang an auf die Probleme der Arbeit konzentrierten. Die sollte, erst einmal befreit von der Last des Mehrwerts und damit der Ausbeutung, eine ungeahnte Steigerung der Produktivität bewirken. Doch die sozialistischen Länder und ihre Regierungen führten einen endlosen und erfolglosen Kampf, um ihre Bevölkerungen mit den nötigen Gütern zu versorgen, und je mehr sie damit scheiterten, umso mehr strebten sie die Überlegenheit gegenüber den kapitalistischen Volkswirtschaften an. Sie mobilisierten zur Massenproduktion, verlangten besondere Anstrengungen, entwarfen immer ambitioniertere Fünfjahrespläne – doch der Mangel hörte nicht auf, und der Abstand der Lebensumstände zwischen Sozialismus und

Kapitalismus wuchs ungebrochen weiter. Es gelang nicht, auch nur eines der wirtschaftlichen Probleme zu lösen. Sämtliche Aufstände und Revolutionen, die in den kommunistischen Ländern ausbrachen, hatten wirtschaftliche Ursachen. Sie waren zwar nicht der einzige Grund dafür, aber sie waren sehr wichtige Auslöser.

Die Kommunisten bemühten sich auch darum, ihre Untertanen mit den nötigen privaten Vergnügungen zu versorgen, aber noch wichtiger war es, daß sie ihre Zufriedenheit öffentlich der ganzen Welt zeigten. Nach einiger Zeit, nachdem sich das System stabilisiert hatte, begriffen die Kommunisten, daß Freizeit und Unterhaltung sehr ernstzunehmende politische Angelegenheiten waren. So wurde das Modell des kommunistischen Menschen von drei Elementen definiert: Ideologie, Arbeit, Freizeit. Sobald diese drei Elemente gesichert waren, wurde erwartet, daß der Bürger die tiefe Hingabe zum System verinnerlicht und für immer die Idee der Revolte verwirft. Wenn man diese Vorstellung mit dem Pathos der klassischen Deklarationen des Marxismus vergleicht, die die beispiellose Blüte der Menschheit im kommunistischen System versprachen, kann man sich über die dramatische Herabsetzung der Erwartungen nur wundern.

Das liberale und demokratische Denken war – mit wenigen Ausnahmen – von Anfang an sehr zurückhaltend, wenn es um die Vorstellung vom menschlichen Wesen ging. Der Triumph von Liberalismus und Demokratie bedeutete Emanzipation, in dem Sinne, daß der Mensch von maßlosen Ansprüchen befreit wurde, die ihm eine unrealistische Metaphysik, erfunden von einer veralteten aristokratischen Kultur des Mittelalters, auferlegte. Mit anderen Worten: ein wichtiger Teil der modernistischen Botschaft war die Reduzierung des menschlichen Strebens. Große Ziele zu verfolgen war in bestimmten Fällen nicht ausgeschlossen, aber Größe gehörte nicht mehr zum Wesen der Menschheit. Das Hauptprinzip hinter der minimalistischen Perspektive war die Gleichheit

Wie schon erwähnt, es gab unter den Denkern Ausnahmen, die diese Ansicht nicht teilten. Unter den Philosophen des 18. Jahrhunderts war Immanuel Kant derjenige, der den Liberalismus verteidigte und hohe menschliche Standards setzte. Im neunzehnten

Jahrhundert waren es unter anderem John Stuart Mill und Thomas Hill Green, die ähnliche Ideen verfolgten. Die beiden letzteren haben scharfsinnig erkannt, wie die demokratische Herrschaft die Gefahr der Mittelmäßigkeit in modernen Gesellschaften heraufbeschwört. Beide glaubten daran – mit gewissen Unterschieden –, daß die Philosophie der Freiheit ein Heilmittel gegen die schleichende Krankheit der Mittelmäßigkeit sein könnte. Mill, der teilweise unter dem indirekten Einfluß der deutschen Romantik stand, schrieb großen, kreativen Persönlichkeiten eine bedeutende Rolle zu. Deren Ausnahmeerscheinung oder gar Exzentrizität könnte, so Mill, in einer freien Gesellschaft die Menschen aus ihrem demokratischen Schlummer erwecken.

Doch diese Ideen fanden kaum Anhänger, und so verfielen das liberal-demokratische Ideal und die Praxis immer häufiger der Logik des Minimalismus. Die Herabsetzung der Ansprüche ist ein Prozeß, der kein Ende kennt. Wenn sich die Menschen erst einmal daran gewöhnt haben, gewisse Standards als zu hoch, unpraktisch und überflüssig zu verwerfen, ist es nur eine Frage der Zeit, bis die natürliche Trägheit einsetzt und selbst die herabgesetzten, niedrigeren Standards als unakzeptabel erscheinen. Man kann die Geschichte der liberalen Demokratie auch als ein graduelles Absinken vom Hohen zum Niederen, vom Verfeinerten zum Groben lesen. Oft genug wurde ein Schritt nach unten als erfrischend, natürlich und gesund erachtet und manchmal war es tatsächlich auch so. Aber was auch immer die Vorzüge des Vereinfachungsprozesses waren, nur allzu oft brachte er die Vulgarität der Sprache, des Benehmens, der Bildung und der moralischen Regeln mit sich. Die Vulgarisierung der Form, die Wegbewegung von der Kultiviertheit und dem Anstand fällt in den letzten Jahrzehnten besonders auf. Der liberal-demokratische Mensch lehnt es ab, diese künstlichen und unbehaglichen Konventionen zu erlernen, Vereinbarungen, deren Nützlichkeit ihm zunächst zweifelhaft und dann inexistent erschienen. Er hatte keine Zeit für sie im Glauben, daß ihre Abwesenheit das Leben einfacher und angenehmer machte. Er führte neue Kriterien ein: Leichtigkeit, Praktikabilität, Nützlichkeit, Vergnügen, Bequemlichkeit und sofortige Belohnung. Diese Kombination erwies sich als eine tödliche Waffe gegen die alten sozialen Formen. Die alten Sitten zerbröselten und mit ihnen die Regeln des Anstands, das Gefühl für Schicklichkeit und der Respekt gegenüber Rangordnungen.

Diese Veränderungen wurden oft dem verachtenswerten Einfluß der Bourgeoisie zugeschrieben. Man warf ihr vor, als Klasse für das Schwinden der Formen und die Vulgarität der modernen Zeit verantwortlich zu sein. Viel Kreativität wurde darauf verwendet, die Seichtigkeit der wirtschaftlichen Zivilisation aufzuzeigen. Das Gegengift zum Kommerz war – wie in Thomas Manns *Buddenbrooks* oder Galsworthys *Forsyte Saga* dargestellt – die reine Kunst, der unbestechliche Ausdruck der Imagination, das Streben nach dem Schönen und Erhabenen. Doch im Laufe der Zeit stellte sich heraus, daß der Kapitalismus und der Kommerz etwas voreilig beschuldigt wurden. Denn die Gründe lagen tiefer. Empfindsamere Denker erkannten bald, daß gerade der Erfolg der Industrie und der Technologie, die Fortschritte der Produktivität, das heißt, die großen Errungenschaften des Erfindergeistes der Moderne ursächlich – wie Ortega y Gasset argumentierte – für die Sterilität der Phantasie und den Sieg der selbstzufriedenen Belanglosigkeit waren. Es war und ist heute noch etwas Paradoxes daran, daß die beispiellose Entwicklung der Technologie und der Industrie, die Millionen von Menschen Wohlstand und Sicherheit gebracht haben, und die nicht ohne eine großes Maß an Kreativität möglich gewesen wären, eine wesentliche Rolle dabei gespielt haben, die Bestrebungen der Menschen zurückzuschrauben und der Mittelmäßigkeit ein gewisses Ansehen zu verschaffen.

Sobald sich der Mensch sicher fühlen und die immer reichlicheren Segnungen der modernen Zivilisation genießen konnte, begann er sich vom zwingenden Druck strenger und fordernder Regeln, abgeleitet vom Glauben und der klassischen Ethik, zu lösen. Er hatte keine Lust mehr, den schmerzhaften und unsicheren Weg zu höheren Zielen zu gehen, an die John Stuart Mill so große Hoffnungen knüpfte. Im zweiten Kapitel seines *Utilitarianism*, erklärte er: „Es ist besser, ein unzufriedener Mensch zu sein als ein zufriedenes Schwein, besser ein unzufriedener Sokrates als ein zufriedener Narr.“[2] Warum? Wenn sich der Mensch beider Zustände – des sokratischen und des schweinischen – bewußt ist, wird es

2 John Stuart Mill: Der Utilitarismus, Stuttgart, 1976, S. 18

ihm seine Vernunft und sein Gewissen nicht erlauben, sich für den Zustand als Schwein zu entscheiden. Mill nimmt an, daß gewisse Lebensweisen objektiv besser sind als andere, daß das sokratische Modell dem des gemeinen Mannes klar überlegen ist, und es liegt in der menschlichen Natur, sich dessen bewußt zu sein.

Diese letzte Annahme wurde allerdings seit den Anfängen der Moderne angezweifelt. Seit einigen Jahrzehnten verbietet in der liberalen Demokratie eine allgemein akzeptierte Vorgabe, die moralischen Prioritäten anderer Leute zu verachten, weil in der Gesellschaft Gleichheit und nicht die Anerkennung von Hierarchien die Norm ist. Doch Gleichheit, wie alles andere auch, hat ihre Grenzen. Mittelmäßigkeit ist ein allgemein stillschweigend und unwidersprochen hingenommenes, wenn auch nicht bevorzugtes Modell, während das sokratische Modell, zwar auf dem Papier eine gleichberechtigte Möglichkeit unter vielen, seine Anziehungskraft und Unterstützung durch den demokratischen Mainstream verloren hat, mit dem Argument, es sei zu aristokratisch und elitär. Theoretisch ist der sokratische Weg so gut wie jeder andere auch, in der Praxis steht er den modernen Präferenzen hoffnungslos im Weg. Unter diesen neuen Umständen wäre das Schwein der stärkere Mitbewerber.

Der schrittweise erfolgte Ersatz der höheren Zielsetzungen durch niedere sagt etwas über die menschliche Natur aus: Sie zeigt eine starke Tendenz, den Verlockungen des Gewöhnlichen und Mittelmäßigen nachzugeben – außer sie trifft auf starken Widerstand oder auf attraktive Inspirationen. „Gewöhnlich“ hat in der liberal-demokratischen Rhetorik jeden Hauch einer Mißbilligung verloren, beziehungsweise hat aufgehört zu existieren. Wenn so vieles gewöhnlich ist, ist es in Wahrheit gar nichts mehr. Diese Veränderung ist ein Signal des Verfalls jener grundlegenden Kategorien, mit denen Menschen seit Jahrhunderten ihr Verhalten beschrieben und bewertet haben.

Besonders auffallend ist die Bedeutungsänderung des Wortes „Würde“, das seit der Antike als ein Ausdruck von Verpflichtung verstanden wurde. Wenn von jemandem angenommen wurde, er besitze Würde, wurde erwartet, daß er sich seiner höheren Stellung entsprechend benahm. Würde war etwas, was verdient, erworben werden mußte, indem man sich den höheren Erfordernissen entsprechend benahm, die einem eine Gemeinschaft oder eine Religion auferlegt hatten, zum Beispiel, wenn eine Person mit einer größeren Verantwortung betraut wurde, oder auch nur, weil der Mensch nach Gottes Abbild erschaffen wurde. Die Würde adelte jene, die sie erworben hatten. Der Satz „noblesse oblige" bringt es zum Ausdruck: Würde war eine Verpflichtung, nach Selbstverbesserung zu streben, wie unbestimmt sie auch interpretiert wurde. Auf jeden Fall stand die so ausgelegte Würde näher an der sokratischen Haltung als an ihrem Gegenteil. Sie wurde niemals für immer vergeben, wer würdelos handelte, konnte sie auch verlieren

Doch der Begriff der Würde hat inzwischen eine neue Bedeutung erlangt, die zum ursprünglichen Inhalt im Gegensatz steht. Dies geschah hauptsächlich vermittelt durch die Sprache der Menschenrechte, insbesondere seit der Verabschiedung der „Allgemeinen Erklärung der Menschenrechte" 1948 durch die Vereinten Nationen. Die Idee, daß menschliche Wesen unveräußerliche Rechte haben sollen, ist nicht einleuchtend und extrem schwer zu begründen. Sie hätte einen gewissen philosophischen Sinn, wenn sie von einer starken Theorie der menschlichen Natur abgeleitet worden wäre, wie sie in der klassischen Metaphysik zu finden ist. Doch wenn wir eine schwache Theorie akzeptieren, eine, die den menschlichen Wesen nur schlichte Eigenschaften zuweist und bewußt starke metaphysische Annahmen zurückweist, dann verliert die Idee von Rechten jede Plausibilität. Sie können freilich akzeptiert werden als ein bloßes Produkt der Rechtsprechung von Parlament oder Gerichten, das Menschen berechtigt, verschiedene Ansprüche zu stellen, die sie als „Rechte" bezeichnen. Aber diese Ansprüche sind nichts weiter als willkürliche Entscheidungen von bestimmten Gruppen von Politikern oder Richtern, die sie unter Umständen aus ideologischen Überzeugungen oder auf Druck von Interessengruppen treffen. Es wäre dumm, solche Ansprüche als „unveräußerlich" zu bezeichnen, da Unveräußerlichkeit per definitionem nicht gesetzlich bestimmt werden kann.

Um die ungerechtfertigte und innerhalb des allgemein akzeptierten konzeptionellen Rahmens nicht zu rechtfertigende Idee der Menschenrechte zu stärken, ist das Konzept der Würde aktiviert worden, aber in einer besonderen Art und Weise, nämlich so, daß es mehr als ursprünglich beinhaltet. So konnte doch noch die Illusion entstehen, es gebe eine starke Theorie der menschlichen Natur. Diese Natur wurde mit nicht weiter spezifizierten Eigenschaften ausgestattet, die etwas Erhabenes beinhalten sollten, wie ein angeborenes Streben nach dem Guten und ähnliches. Darüber hinaus haben die Schöpfer der Dokumente über Menschenrechte es nicht für nötig gehalten, eine ausdrückliche und ernsthafte philosophische Interpretation der menschlichen Natur zu liefern und zu erklären, auf welcher Grundlage und unter welchen Bedingungen der Mensch seiner Würde teilhaftig werden kann. Diese Vorgehensweise verhalf zu einer plötzlichen Auferstehung des Konzepts von der menschlichen Würde, jedoch mit einer radikal neuen Bedeutung.

Die Würde, so wie sie von der „Deklaration der Menschenrechte" interpretiert wird, hat nichts mehr mit Verpflichtungen zu tun, sondern mit Ansprüchen und Berechtigungen. Die neue Würde verpflichtet die Menschen nicht dazu, nach moralischen Leistungen und Verdiensten zu streben, sie erlaubt ihnen vielmehr, zu wünschen, was sie wollen, und diese Wünsche zu legitimieren, in dem sie sich auf eine Würde berufen, die sie angeblich besitzen, einfach weil sie geboren wurden, ohne irgendeine moralische Anstrengung unternommen zu haben oder eine Errungenschaft aufweisen zu können. Zu dieser Würde ist jeder berechtigt, auch wer nichts will als die Zufriedenheit eines Schweines, oder derjenige, der den sokratischen Weg gewählt hat. Es handelt sich in beiden Fällen, für das Schwein genauso wie für Sokrates, um die gleiche Würde. Das Recht darauf, ein Schwein oder Sokrates zu sein, ist dasselbe und entspringt der gleichen Moral (oder vielmehr Unmoral, denn die neue Würde hat praktisch mit jeder Moral gebrochen).

Nachdem er sich mit Rechten ausgestattet hat, befindet sich der moderne Mensch in einer beispiellos komfortablen Situation: Er braucht seine Ansprüche und Handlungen nicht mehr zu rechtfertigen, schließlich handelt es sich ja um Rechte. Ungeachtet dessen, welche Forderungen er aufgrund dieser Rechte stellte und für welche Zwecke er sie benutzte, konnte er seine Würde nicht verlieren, die er für sein ganzes Leben erworben hat, nur weil er als Mensch geboren wurde. Und da diese Würde keine Verpflichtung mit sich bringt, etwas besonders Gutes oder Ehrenwertes zu tun, konnte er in zunehmendem Maße immer absurdere Forderungen stellen und immer fragwürdigere Aktivitäten rechtfertigen.

So versinkt der Mensch immer mehr in eine arrogante Vulgarität, während er argumentiert, daß Vulgarität seine angeborene Würde nicht nur nicht verletzt, sondern – mit ein wenig Phantasie – als eine Art Errungenschaft gesehen werden könnte. Und überhaupt: Kann denn die angeborene Würde, die das Wesen des Menschseins ausmacht, etwas hervorbringen, das unwürdig und inhuman ist? Die würdebasierte Idee der Menschenrechte ist so zu einem mächtigen Instrument geworden, um ein minimalistisches Konzept der menschlichen Natur zu begründen. Außerdem stattete sie den modernen anthropologischen Minimalismus mit den Instrumenten der Eigendynamik aus, den wirksamsten Instrumenten dieser Art, die es je in der Geschichte der westlichen Gesellschaften gegeben hat.

6.

Arbeit und Freizeit (und wie wir später sehen werden, die Ideologie), wie sie im Kommunismus die menschliche Existenz formten und dem Leben einen Inhalt gaben, wiederspiegelten und karikierten zugleich das Leben des modernen Menschen in der kapitalistischen Zivilisation.

In modernen Zeiten ist die Arbeit mehr als das Mittel zum Überleben und der Existenzsicherung. Sie ist zum Beruf geworden, die dem Leben Disziplin, Ordnung und Sinn verleiht. Wenn wir Max Weber folgen wollen, so hatte der erste Auslöser dieser epochalen Veränderung religiösen Charakter. Nach seiner Argumentation war der auslösende Faktor das intensive Bewußtsein – typisch für den frühen Protestantismus – von der Sündhaftigkeit der menschlichen Natur. Arbeit wurde interpretiert als ein Ausdruck von Frömmigkeit, die die menschliche Sündhaftigkeit in die Schranken einer gewissen Disziplin wies. Da aber die Früchte der Arbeit nicht genossen werden durften – dieser Genuß wäre sündhaft –, durften sie auch nicht konsumiert werden. Und weil sie nicht konsumiert werden durften, mußten sie investiert werden: das war die zivilisatorische Revolution.

Diese fundamentale Veränderung bedeutete, daß zum ersten Mal in der Geschichte Menschen in diesem Maße Abschied nahmen von ihrem tief verwurzelten Wunsch nach Reichtum zu streben und ihn als Mittel für eine ausschweifende und extravagante Lebensführung zu verwenden. Arbeit produzierte immer noch Reichtum, der jedoch wurde nicht deshalb geschätzt, weil er Mittel zum Konsum war. Disziplinierte Arbeit wurde zu ihrer eigenen angemessenen Belohnung, befreit von den Träumen zukünftiger Genüsse und befriedigter Versuchungen, indem sie vollständig rationalisiert und einem langfristigen Plan unterworfen wurde. Nach Webers Ansicht stand diese Sicht des Konsums – getrennt vom Genuß und in eine ungewisse Zukunft aufgeschoben – am Anfang des beispiellosen ökonomischen Wachstums, herbeigeführt durch den Kapitalismus.

Webers Analyse bietet eine gute Erklärung dafür, wie und warum das moderne Denken zur Herabsetzung der menschlichen Bestrebungen geführt hat. Die minimalistische Ansicht der menschlichen Natur, zunächst und in erster Linie im Protestantismus präsent, dann aber in der westlichen Welt verbreitet, hatte einen speziellen Charakter. Die Grundursache der Veränderung lag ausschließlich in der Religion: die neue Glaubenslehre von der Prädestination wie auch das der Erbsünde zugewiesene große Gewicht schloß jede Form von moralischer und/oder spiritueller Vollkommenheit aus. Große Pläne paßten nicht in dieses Bild. Zugleich aber verlangte die niedrigere Ebene, auf der menschliche Bestrebungen gehalten wurden, nach einem edlen, mitunter sogar heroischen Wesenszug. Der Mensch nahm seine Machtlosigkeit im Angesicht großer Pläne zur Kenntnis – diese Pläne, so hieß es, verleiteten ihn schließlich in der Vergangenheit zur Eitelkeit – aber auf einer niedrigeren Ebene investierte er stattdessen all seine Energie und all seinen Willen, um das Beste zu erreichen, was er nur konnte. Das einzige Gebiet, auf dem ihm das auf Grund seiner verdorbenen Natur möglich war, war die Arbeit.

Diese widersprüchliche Sicht der menschlichen Natur durch die protestantische Revolution – die Herabsetzung ihrer Stellung, aber im Gegenzug die drastische Erhöhung der Erfordernisse auf einer niedrigeren Ebene – konnte nicht allzu lange bestehen. Je weniger zwingend die ursprüngliche Disziplin war, umso stärker erwies sich der natürliche Zug nach unten. Der alte Kapitalismus, der den Konsumerismus ablehnte und seinen Erfolg eben jener Ablehnung zu verdanken hatte, wurde in ein System transformiert, das den Konsum nicht nur akzeptierte, sondern ihn ins Zentrum des ganzen ökonomischen Systems rückte. Der Konsum verdrängte schrittweise alle anderen menschlichen Anreize und wurde zur einzigen mächtigen Quelle der Motivation. Der Weg zu diesem Zustand war komplex und dauerte lange. Bevor es so weit war, hatte die moderne bürgerliche Zivilisation eine lang anhaltende großartige Epoche. Die Förderung des klassischen Konzepts der menschlichen Natur und die Eröffnung aller Kanäle der menschlichen Kreativität durch die kapitalistische Revolution führte zu einer spektakulären Transformation unserer Zivilisation und zu außerordentlichen Errungenschaften in allen Lebensbereichen.

Manche befürchteten, die meisten jedoch begrüßten den Eintritt des Konsumerismus. Mr. Gradgrind in „Harte Zeiten" von Charles Dickens ist ein strenger, fanatisch disziplinierter moderner Mensch, der versucht, menschliche Schwächen gnadenlos auszulöschen. Er ist eine jämmerliche Figur und illustriert treffend die negative Sicht auf den klassischen Kapitalisten durch die humanistischen Kritiker der modernen Gesellschaft. Mr. Gradgrind ist unempfänglich gegenüber Versuchungen und einfachen Vergnügungen, erwidert keine warmen Gefühle und ist nur von der neuen Rationalität angetrieben. Seine Herzlosigkeit ist fast unmenschlich. Doch der Kapitalismus änderte sich und die Strenge der Gradgrinds dieser Erde verschwand. Der von Weber so überzeugend beschriebene religiöse Hintergrund der neuen Wirtschaftsordnung wurde immer schwächer, und der Kapitalismus selbst befreite sich vollständig von protestantischer Schwermut. Aber die Ethik und Disziplin der Arbeit existierten weiter fort, und Wirtschaftlichkeit und Erfindungsreichtum führten zu neuen Rekorden der Produktivität.

Die liberal-demokratische Gesellschaft gab die frühere Strenge ohne Reue auf. Die Disziplin der Arbeit und die hohen Erfordernisse der Produktivität galten immer noch, aber in anderen Dingen gab es keinen Weg mehr zurück. Wenn einmal die Entscheidung gefallen war, die Ansprüche zu reduzieren, konnte man ungeniert die neue Situation genießen und die strengen Erfordernisse der Arbeit mit immer mehr Genuß und Amüsements kompensieren. Aber diese neuen Vorlieben, die so anders waren als die vorhergehende Düsternis, hatten Konsequenzen, die sich Weber weder vorstellen, noch vorhersehen konnte. Natürlich war Unterhaltung immer schon ein starkes Bedürfnis der Menschen, war jedoch Jahrhunderte lang streng von den ernsthaften Aspekten des menschlichen Lebens getrennt. Fastenzeit und Karneval konnten nicht verwechselt werden, weil sie jeweils anderen Bedürfnissen dienten und andere Funktionen hatten. Doch als die minimalistische Anthropologie um sich griff, wurden die Barrieren, die die beiden von einander trennten, schwächer, und die Versuchung, der Unterhaltung immer mehr Raum zu geben, wurde immer unwiderstehlicher, insbesondere in Gesellschaften, in denen die Angst vor der Sünde ihre abschreckende Kraft verloren hatte.

In der heutigen Welt ist Unterhaltung nicht nur ein Zeitvertreib oder eine Mode, sondern eine Substanz, die alles durchdringt: Schulen und Universitäten, die Aufzucht der Kindern, das intellektuelle Leben, die Kunst, die Moral und den Glauben. Sie ist eine Herzenssache der Studenten, Professoren, Unternehmer, Journalisten, Ingenieure, Wissenschaftler, Schriftsteller und sogar der Geistlichen. Die Unterhaltung dringt in die Psychologie, die Intellektualität, das Sozialleben, und, auch wenn es merkwürdig klingt, auch in die Spiritualität ein. Selbst die nobelsten menschlichen Strebungen müssen heute in Unterhaltung verpackt werden, dies nicht zu tun ist undenkbar und grenzt schon an Sünde.

Die heutige Auffassung von Unterhaltung erinnert immer mehr daran, was Blaise Pascal in seinen „Gedanken" einst „divertissement" genannt hat, eine Aktivität, die einen von der Ernsthaftigkeit der Existenz trennt und diese Existenz mit einem falschen Inhalt füllt: „Doch nehmt ihnen ihre Zerstreuung weg, und ihr werdet sie vor Langerweile verschmachten sehn: dann fühlen sie ihr Nichts, ohne es zu erkennen: denn das heißt doch unglücklich sein, wenn man in einer unerträglichen Traurigkeit ist, sobald man gezwungen wird, sich selbst zu betrachten und einen nichts von dieser Betrachtung ablenkt."[3] *Divertissement* bedeutet nicht

3 Blaise Pascal: Gedanken, Köln, 2011, S. 101

nur Unterhaltung im direkten Sinn des Wortes, sondern auch das Leben und Handeln innerhalb künstlicher Regeln, die unser Leben organisieren. Wir setzen und verfolgen konventionelle und triviale Ziele, lassen uns in Auseinandersetzungen und Konkurrenzkämpfe verwickeln, streben geachtete Karrieren an und tun alles, nur um unsere Gedanken von den fundamentalen und elementaren Fragen der Existenz fernzuhalten. Wir flüchten vor der Frage der letztlichen Bedeutung unseres Lebens, beziehungswiese des menschlichen Lebens überhaupt. Unser Geist gewöhnt sich an eine fiktive Realität, die wir mit der echten verwechseln und lassen uns von seinen Versprechungen locken. Der Unterschied zwischen Pascals *divertissement* und der Unterhaltung der Gegenwart – oder dem „Spaß haben", wie es heutzutage heißt – ist, daß der moderne Mensch, egal wie sehr er sich nach Spaß sehnt, sehr wohl weiß, daß er eine künstliche Konstruktion ist, nicht das Wahre.

Dieser Aspekt der Unterhaltung und die verstörenden Konsequenzen ihrer Herrschaft wurden schon vor fast einem Jahrhundert untersucht. Seitdem sind die fesselnde Präsenz der Unterhaltung und ihre Auswirkung auf das menschliche Leben noch viel stärker geworden. Es ist interessant, daß sowohl Konservative, die die klassische Sicht auf die menschliche Natur verteidigten, als auch einige Sozialisten der Frankfurter Schule dieses Phänomen mit den gleichen Termini beschrieben. Obwohl ihre Ansichten sonst fundamental verschieden, waren sie gleichermaßen beunruhigt, in welchem Maße der menschliche Geist degradiert und versklavt wurde von der sehr bequemen, scheinbar unproblematischen und irgendwie überlegenen Form der Freiheit. Beide Gruppen befürchteten, daß die Vorherrschaft und Allgegenwart der Unterhaltung sowohl das Gespür für die Ernsthaftigkeit der Existenz wirksam auslöscht, wie auch die Mentalität, die dieser Ernsthaftigkeit die richtige Rolle im Denken und Handeln verleiht, vernichten könnte. Zum ersten Mal in der Geschichte der Menschheit ist ein Menschentyp aufgetaucht, der glaubt, es sei eine Anomalie, wenn er nicht von der Wiege bis zur Bahre unterhalten wird.

Natürlich ist nicht allein die liberale Demokratie Schuld an dieser mentalen Revolution. Es gab auch andere Gründe dafür: Kapitalismus, Säkularismus und die technologische Entwicklung waren gleichermaßen wichtige Faktoren. Tatsache ist jedoch, daß die liberale Demokratie und die Unterhaltung aus wichtigen Gründen begeisterte Bündnispartner wurden. Unterhaltung wurde zur offensichtlichen und direkten Manifestation der Freiheit, die der Liberalismus der Menschheit anzubieten hatte. Zugleich war sie auch die sichtbarste Bestätigung für die dominante Stellung des demokratischen Menschen und seines Geschmacks. Die Dominanz der Unterhaltung ging über den inneren Drang nach Spaß weit hinaus, sie war größer, reichte tiefer und war lückenloser. An der Allgegenwart der Unterhaltung kann man den modernen Menschen leicht erkennen: Sie ist sein Markenzeichen, sein Wappen, sein symbolischer Personalausweis.

7.

Wenn wir annehmen, daß der anthropologische Minimalismus der Schlüssel zum Verständnis der heutigen liberalen Demokratie ist, wird auch klar, warum sich liberale Demokraten für die Idee von der Unvermeidlichkeit von Geschichte begeistern. Sie ist ein legitimer Sproß der Aufklärung und ihres Fortschrittsglaubens, dem sich liberale Demokraten noch mehr verpflichtet fühlen als die Sozialisten, die zum Teil auch Jünger des aufklärerischen Dogmas sind. Wenn man bedenkt, daß die liberal-demokratische Zivilisation eine spektakuläre Entwicklung der Technologien hervorbrachte und Millionen von Menschen ermöglichte, die Segnungen der Moderne zu genießen, ist der Glaube an die Unvermeidlichkeit des Fortschritts – zumindest innerhalb der Grenzen des liberal-demokratischen Geistes – nicht ohne rationale Grundlagen.

Die primäre Quelle des Glaubens an eine einzige Richtung der Geschichte ist also der Mensch selbst. Es existiert eine bemerkenswerte Wechselbeziehung zwischen dem System und dem Menschen, wie es sie in der Geschichte in diesem Maße noch nie gegeben hat. Die Kommunisten versuchten, einen kommunistischen Menschen zu schaffen, der zu den Institutionen und zur Logik des kommunistischen Systems paßte, mußten jedoch eine Niederlage erleiden. Doch dort, wo sie scheiterten, erwiesen sich die liberalen Demokraten als erfolgreich. Wenn es jemals ein System gegeben hat, das perfekt den Bestrebungen der in ihm lebenden Menschen angepaßt wurde, dann ist es die liberale Demokratie. Wenn es jemals einen Menschentypus gegeben hat, der perfekt den vom politischen System gebotenen Möglichkeiten und den von ihm unterstützten Bestrebungen angepaßt war, dann war das der liberal-demokratische Mensch.

Es sind seitdem keine anderen politischen Modelle entworfen worden, sie wurden nicht einmal in Erwägung gezogen, und die Effektivität des Systems ist immer noch beeindruckend. Deshalb wird die Ausbreitung der liberalen Demokratie weiterhin anhalten, und das System wird nicht nur weiterhin die Glaubenssätze der Einwohner stützen, sondern auch bestätigen, daß diese die einzigen Glaubenssätze sind, nach denen es sich zu leben lohnt. Der liberal-demokratische Mensch schätzt sich privilegiert und glücklich, nicht wie jene unglücklichen Narren oder Verbrecher, die nicht imstande waren, das Offensichtliche zu akzeptieren. All diese Faktoren zusammengenommen bestärken ihn in seinem Glauben, daß die Welt, wenn sie denn überleben und sich entwikkeln soll, sich nur in eine bestimmte Richtung bewegen kann – nämlich in seine eigene.

Diese Ansichten sind ansteckend. Sie verbreiteten sich schnell in den kommunistischen Ländern in der Zeit, als jene sich von den alten Regimen verabschiedet hatten und vor grundsätzliche Entscheidungen über die Zukunft gestellt wurden. Eigentlich hätte der Zusammenbruch eines unpopulären, unterdrückerischen und bösartigen Regimes eine einmalige Gelegenheit geboten. Die Nationen hätten auf allen Ebenen des sozialen und politischen Lebens ihre eigenen Institutionen entwickeln können, Institutionen, die ihren eigenen Ansprüchen und historischen Erfahrungen entsprochen, und das Gefühl für die neu erworbene Freiheit und Autonomie gestärkt hätten. Das war die Zeit, als die Nationen, von der Versklavung befreit, das höchste Maß an Kreativität und Begeisterung hätten hervorbringen können. Aber das geschah nirgendwo in Osteuropa. Als stünden sie im Bann eines mächtigen politischen Zauberers, verfielen die Osteuropäer unverzüglich dem System, das sie für das Imperativ der historischen Entwicklung in Westeuropa hielten. Die Haltung der gerade befreiten Nationen war nicht kreativ sondern konformistisch.

Die Ereignisse nach 1989 zertrümmerten die Illusionen, die viele Menschen hegten. Polen dürfte ein Musterbeispiel für die Ereignisse sein. Dramatische und schmerzhafte geschichtliche Erfahrungen nährten die Erwartung, daß Polen besonders argwöhnisch sein würde gegenüber großangelegten politischen Projekten, die das Ziel verfolgten, das gesamte soziale Gewebe umzustrukturieren. Man könnte die Aufstände, die seit 1945 während des kommunistische Systems so gut wie alle zehn Jahre ausbrachen, als Zeichen dieses Argwohns interpretieren.

Es gibt kein besseres Beispiel für diese These als die Periode der ersten Solidarność-Bewegung 1980–1981. Juli und August 1980 brachen unter den Arbeitern massive Streiks gegen Rechtlosigkeit und wirtschaftliches Chaos aus. Dies führte zur Gründung einer machtvollen Gewerkschaft, der ersten solchen unabhängigen Organisation im gesamten sowjetischen Block. Doch die erste Solidarność war mehr als eine Gewerkschaft, und die Wünsche, die sie weckte, gingen über die Forderung nach gerechter Verteilung des Gewinns und die Erhöhung von Gehältern und Bezügen hinaus. Das Programm der Gewerkschaft beinhaltete mehr als einfache Wünsche in einer ineffizienten Wirtschaft mit erniedrigend geringen Löhnen und ständiger Mangelwirtschaft. Die Solidarność verteidigte auch die Würde in ihrem originären, unverfälschtem Sinn, die Wahrheit in Wissenschaft und Kultur, das Edle in der Kunst und forderte eine entsprechende Rolle für das christliche Erbe und den christlichen Glauben. Es schien, als hätte eine einfache Gewerkschaft die großen Ideen der westlichen Zivilisation – die im Westen selbst langsam anfingen in Vergessenheit zu geraten – wieder zurück ins Leben gerufen. Wahrscheinlich war das der Grund für die weit verbreitete, allerdings nur kurzfristige Begeisterung, die Solidarność hervorgerufen hatte. Da war eine Bewegung entstanden, der es nicht nur gelungen war, das „Reich des Bösen“ herauszufordern, sondern auch an die spirituelle Dimension der menschlichen Existenz zu erinnern, an Gott, Wahrheit, Heldentum und andere große moralische Prinzipien.

Während der Zeit der zweiten Solidarność 1988–1989 in der Endzeit der kommunistischen Herrschaft in Polen verschwand dieser Impetus der Bewegung spurlos, obwohl die Möglichkeit des politischen Sieges durchaus gegeben war. Trotzdem verloren die großen Ideen und ambitionierten Pläne ihre Anziehungskraft. Die Veränderung der Haltung war zum Teil in Anbetracht der äußeren

Umstände verständlich: Nachdem die Kommunisten ihr Machtmonopol verloren hatten, mußten eine Reihe von dringenden praktischen Problemen gelöst werden. Aber es bleibt eine Tatsache, daß das neue Polen – genau so wie die anderen Länder der Region auch – schnell die höheren Anliegen der ersten Solidarność verwarf und stattdessen die minimalistische Perspektive und die Praxis der westlichen liberalen Demokratien adaptierte. Nachdem die großen Ideen verschwunden waren, beflügelten Arbeit und Unterhaltung die Phantasie der Menschen, und das Land wurde zur Kopie des liberal-demokratischen Modells.

Polen hat das kommunistische Joch zu einem Zeitpunkt abgeschüttelt, als die westliche Welt bereits ein hohes Maß an Homogenität und Standardisierung erreicht hatte. Sobald sich die Polen befreit und die liberal-demokratische Welt herbeigesehnt hatten, verlor das Land seinen früheren „exotischen" Charme, es war nicht mehr das Land, in dem Arbeiter, Intellektuelle und Geistliche den Kommunismus besiegt, zu Gott gebetet und ihr Leben riskiert hatten bei der Verteidigung von Wahrheit, Glauben und Schönheit. Die liberal-demokratische Welt duldete das Exotische nicht. Sie erwartete ein anderes Polen, das nicht mehr unterscheidbar war von anderen Ländern, das dem Muster der liberaldemokratischen Ordnung in allen Bereichen des sozialen Lebens folgte. Die Polen begriffen diese Erwartung schnell und adaptierten die Regeln ohne Protest und Reue. Freilich, es gab auch eine weniger angenehme Seite der Entwicklung. Nachdem sich die Gesellschaften von den alten Regeln befreiten, eigneten sie sich neue an, ohne zu merken, daß ihnen die neuen Regeln weniger Freiheit und Chancen ermöglichten als sie es naiver Weise erwartet hatten.

Viele Osteuropäer waren bereit, dies zuzugeben. Die Welt bewegte sich nicht unaufhaltsam in Richtung Kommunismus, wie die Kommunisten sie lange Zeit versucht hatten zu überzeugen. Sie bewegte sich offenkundig in eine andere Richtung. So, wie einst die Sowjetunion der Bannerträger des Fortschritts war, so war es jetzt „der Westen", womit oft die Vereinigten Staaten, manchmal die Europäische Union gemeint waren. Die Osteuropäer sollten ihrem Beispiel folgen. Die Metaphern des Aufholens wurden erneut benutzt, diesmal im Zusammenhang mit der liberalen Welt: Diese war irgendwo vor uns, mit schnellen Schritten voranschreitend, während wir, Zurückgebliebene, die verlorene Zeit einholen mußten, indem wir alle Dinge taten wie sie auch, nur in viel kürzerer Zeit. Das Ergebnis war, daß Innovation und Erfindungsgeist – von denen so oft die Rede war und die so oft gelobt wurden – nicht wirklich ernst genommen wurden und keine akzeptierten Tugenden waren. In Wahrheit sollte kopiert und adaptiert werden. Je mehr wir kopiert und adaptiert hatten, umso selbstzufriedener wurden wir. Institutionen, Bildung, Recht, Medien, Sprache und Sitten, fast alle Bereiche wurden zu unvollkommenen Kopien des Originals, das auf dem Weg des Fortschritts weit vor uns war.

KAPITEL 2

Utopia

1.

Sowohl der Kommunismus als auch die liberale Demokratie sollen nach Auffassung ihrer jeweiligen Anhänger die letzte Stufe in der Geschichte der politischen Transformationen sein. Marxisten glauben, daß der Kommunismus der letzte Akt im menschlichen Drama sei. Ist er einmal erreicht, gibt es keinen Grund, um nach etwas noch Höherem zu streben. Dementsprechend glauben die Jünger der liberalen Demokratie, daß nichts Höherwertigeres als ihr System entstehen kann. Es ist keine politische Einrichtung denkbar, die über den Kommunismus oder die liberale Demokratie hinausführen würde.

Sowohl der Kommunismus als auch die liberale Demokratie sind deshalb – vom Blickwinkel der Anhänger gesehen – alternativlos. Es kann nur noch Entwicklungen zum Schlimmeren geben, die die Anhänger nicht als kleine Abweichung, sondern als ein Desaster sehen. Der Kommunist meint: Sollte der Kommunismus abgelehnt oder verhindert werden, wird die Gesellschaft weiterhin der Ausbeutung durch die Kapitalistenklasse, dem Imperialismus und dem Faschismus unterworfen sein. Der liberale Demokrat meint: Sollte die liberale Demokratie abgelehnt werden, wird die Gesellschaft einem autoritären Regierungssystem, dem Faschismus und der Theokratie zum Opfer fallen. Nach einer Alternative zu suchen wäre in beiden Fällen Unsinn oder – noch schlimmer – ein waghalsiges und verantwortungsloses Unterfangen.

Der Glaube an die Alternativlosigkeit des Sozialismus entspringt der Annahme, daß das System die Wurzeln aller sozialen und wirtschaftlichen Konflikte eliminiert, die ja in der bisherigen Geschichte dafür verantwortlich waren, daß eine politische Ordnung in eine andere transformiert wurde. Indem der Kommunismus die Idee der Klassenjustiz vollständig verwirklicht, wird er jenes Ungleichgewicht, unter dem alle bisherigen Gesellschaften leiden mußten, ein für alle Mal beseitigen. Angriffe gegen den Sozialismus gehören deshalb nicht in die Kategorie der normalen politischen Betätigung. Sie sind vielmehr eine ungeheuerliche Sünde, ein Anschlag auf die kostbarste Errungenschaft der ganzen Menschheit.

Auch die liberale Demokratie wird von ihren Anhängern als die letztendliche Realisierung ewiger Menschheitssehnsüchte gesehen, insbesondere der Sehnsucht nach Freiheit und der Herrschaft des Volkes. Wenn wir die Geschichte als eine Reihe von Konflikten interpretieren, im Laufe derer sich die Menschen langsam aber unaufhaltsam von Tyrannei befreit und die politischen Instrumente der Selbstverwaltung für sich erobert haben, dann wird die liberale Demokratie tatsächlich wie das *Happy End* ewiger Menschheitsträume erscheinen. Es ist sehr schwer etwas zu denken, was diesem letzten Stadium der historischen Entwicklung folgen könnte, ohne die Existenz einer verbesserten Version desselben anzunehmen. Und ebenso schwierig ist es sich vorzustellen, daß Menschen von anständiger Moral und gesundem Geist in gutem Glauben gegen die liberale Demokratie und ihre Ideale sein könnten.

In beiden Systemen wurden real existierende Strukturen mit menschlichen Idealen gleichgesetzt. Der Kommunismus war soziale Gerechtigkeit, und soziale Gerechtigkeit war Kommunismus. Die Symbiose von System und Ideal gebar eine spezifische Mentalität, die unbeabsichtigt anfällig für die Moralisierung der Politik war. Wer in einem solchen System lebte, konnte nicht einfach Fakten oder die eigene politische Überzeugung beschreiben. Denn alles war unauflösbar verflochten mit dem Wohl der Menschheit, der Befreiung des Volkes, den Verbrechen des Imperialismus, den Segnungen der klassenlosen Gesellschaft und dem Glück, im Sozialismus leben zu dürfen. Der Kommunismus wurde von Anfang an mit moralischen Begriffen unterstützt, ohne die er als System nicht vorstellbar war. Jeder mußte in den einfachsten Angelegenheiten eine Widerspiegelung sozialistischer Ideale entdecken und konnte nicht einmal den schlichtesten Gedanken ohne Verweis auf sie ausdrücken.

Die liberale Demokratie brüstet sich, den Individuen Freiheit und den Gruppen Emanzipation gebracht zu haben. Zugleich behaupten liberale Demokraten, daß dies nur in der liberalen Demokratie überhaupt möglich sei, oder noch besser, daß Freiheit und Emanzipation *die* liberale Demokratie schlechthin seien. Mit der Zeit fing die Sprache der liberalen Demokraten an, sich der der Kommunisten anzugleichen. Es zeigte sich die gleiche Neigung, die Sprache der Moral und der Politik zu kombinieren, so, daß kein anderer Diskurs mehr der Natur des Systems gerecht werden konnte. Es gibt kein Thema, wie trivial es auch sein sollte, das der liberale Demokrat nicht mit Freiheit, Diskriminierung, Gleichheit, den Menschenrechten, der Emanzipation und ähnlichem verbinden würde. Es wird nur diese eine Ausdrucksweise benutzt, eine andere ist nicht möglich.

Die Beschreibung der liberalen Demokratie als die einzige Verwirklichung des ewigen Wunsches nach Freiheit ist insbesondere seit einigen Jahrzehnten sehr populär. Sie ist trotzdem falsch. Der Liberalismus war sicherlich nicht die einzige politische Richtung, die den Wunsch nach Freiheit zum Ausdruck brachte. Bei der Verfolgung dieses Zieles war er nicht einmal besonders beständig. Die Anhänger des Republikanismus, des Konservativismus, der Romantik und des Christentums sowie vieler anderer Bewegungen forderten ebenfalls Freiheit und taten auch viel, um sie zu fördern. Freiheit, so wie wir sie in der westlichen Zivilisation verstehen, ist nicht nur ein abstrakter Begriff. Sie hat eine konkrete Form, verankert in Institutionen, im sozialen Leben und den Denkgewohnheiten. So gesehen ist der Beitrag des Liberalismus einer unter vielen und nicht einmal entscheidend. Es fällt schwer, sich die Freiheit vorzustellen ohne den Beitrag der klassischen Philosophie, dem Erbe der Antike, des Christentums und der Scholastiker, ohne die verschiedenen Traditionen der Rechtsphilosophie, ohne den antiken und den modernen Republikanismus, ohne die Ethik von Tugend und Pflichten, ohne den angelsächsischen und kontinentalen Konservativismus und vielen anderen Bestandteilen der westlichen Zivilisation.

Liberale Demokraten umgehen diese Tatsache, indem sie das Attribut „liberal" allem anhängen, von dem sie glauben, es hätte einen Beitrag zur Niederringung von Unterdrückung und Autorität geleistet. So kann Sokrates im Vergleich zu Plato ein „Liberaler“ sein, die Sophisten liberaler als Sokrates, Wilhelm von Ockham liberaler als Thomas Morus, Erasmus liberaler als Luther, der wiederum liberaler als Calvin und so weiter. Nach dieser Ansicht existierte der Liberalismus – ob in demokratischer Form oder nicht – von Anfang an in der westlichen Kultur. Er gewann an Stoßkraft in der Moderne und triumphierte schließlich in unseren Tagen. Die verschwenderische Nutzung des Ausdrucks „liberal“ ist trügerisch und ein Versuch, dem Liberalismus eine unbegründete privilegierte Position zu verschaffen.

Wenn wir die Aktivitäten der Liberalen in den vergangenen hundert Jahren betrachten, zeigt es sich, daß sie auf der theoretischen Ebene recht dogmatisch mit dem Begriff der Freiheit umgingen, in der Praxis aber ziemlich opportunistisch waren. Sie hatten keine Hemmungen, sich mit aufgeklärten Absolutisten zu verbünden. Im zwanzigsten Jahrhundert flirteten sie mit dem Sozialismus, seine sowjetische Version mit inbegriffen. Selbst die liberalsten Liberalen zeigten eine extreme Nachgiebigkeit gegenüber der Sowjetunion und unterstützten die Idee der einseitigen Abrüstung des Westens – alles im Namen der Freiheit. Sie zeigten Schwächen gegenüber Terrorismus und linken Diktatoren der Dritten Welt, reagierten jedoch mit einer merkwürdigen Zurückhaltung, wenn es um die Unterstützung antikommunistischer Gruppen im sowjetischen Block ging. Ihre freiheitliche Bilanz ist keineswegs makellos.

2.

Die aufgezeigten Ähnlichkeiten zwischen den beiden Systemen weisen auf tiefere Gemeinsamkeiten hin. Beide sind Utopien, da sie ein jeweils letztes Stadium der Geschichte sein wollen. Eines muß allerdings klargestellt werden: Die allgemein angenommene, jedoch falsche Definition des Wortes „Utopie“ bedeutet, daß es sich um ein in seinen Intentionen idealistisches politisches Projekt handelt, das jedoch unrealistisch und mit den menschlichen Erfahrungen unvereinbar ist. Menschen, die sich Utopien ausdenken, werden deshalb etwas herablassend als naive, sentimentale

Phantasten betrachtet oder als gefährliche, menschenverachtende Sozialingenieure gefürchtet.

Diese Definition ist jedoch falsch. Keiner der großen Utopisten hat seine Entwürfe in der Annahme entworfen, daß sie ohne jede praktische Bedeutung seien. Keiner hielt sich für einen Träumer, der die Lehren aller menschlichen Erfahrungen mißachtet. Überhaupt, was wäre der Sinn von solchen Phantastereien gewesen? Wer würde Zeit und Energie aufwenden für politische Projekte, ohne Chancen verwirklicht zu werden? Auch wenn die Entwerfer von Utopien zugaben, daß die Verwirklichung ihrer Projekte sehr schwer, wenn nicht unmöglich sei, hatten sie keinen Zweifel daran, daß sie einen funktionalen Wert hatten, und strebten danach, sie in die Praxis umzusetzen.

Eine Utopie ist keine politische Phantasterei, sondern ein wagemutiges Projekt, mutiger als alles andere, weil es sein Ziel ist, grundlegende Probleme zu lösen, mit denen die Menschheit konfrontiert war, seitdem sie sich politisch zu organisieren begann. Eine Utopie ist die letztendliche Lösung für alles. Einmal verwirklicht, verschwinden alle politischen Sünden wie Unrecht, Armut, Tyrannei ein für alle Mal. Sie verschwinden aus strukturellen Gründen, nicht als Ergebnis zufälliger Gegebenheiten.

Die ersten Utopien entstanden in der Renaissance, einer Periode, in der der Glaube an die Größe des Menschen einem unerschütterlichen Bekenntnis nahe kam und eine künstlerische und intellektuelle Anregung war. Die Botschaft war einfach: Der Mensch kann alles erreichen und ist mit seinem unbegrenzten kreativen Potential Gott gleich. Er kann zwar tiefer sinken als Tiere, kann aber auch Höhen erklimmen, da Wissen und Künste keine Grenzen kennen. Aber etwas fehlte noch, wenn die Behauptung über die menschliche Größe richtig sein sollte. Es stimmte zwar, daß große Künstler außerordentliche Werke in Kunst, Musik und Literatur schufen, ebenso wurden herausragende Erkenntnisse in Mathematik, Physik und Philosophie gewonnen, aber ein Bereich, den der menschliche Genius noch nicht erobert hatte, blieb übrig: die Politik. Warum also nicht eine politische Konstruktion entwerfen, die in ihrer Größe den künstlerischen und wissenschaftlichen Leistungen gleich kam? Die Utopie sollte genau dieses politische Meisterwerk sein. Die Tatsache, daß bis dahin kein politisches Meisterwerk entstanden war, bedeutete nicht, daß auf dem Feld der Politik keine menschliche Größe möglich war. Nur waren die ersten Versuche nicht gewaltig genug, oder die großen politischen Künstler noch nicht geboren.

Der Kommunismus war ein solches Meisterwerk. Karl Marx selbst verachtete Utopien und brandmarkte seine Gegner in der Regel veächtlich als „Utopisten". Er beschuldigte die Sozialisten früherer Generationen, die Realität falsch verstanden zu haben. Sie glaubten – so behauptete Marx, obwohl es nicht stimmte –, daß der Sozialismus wegen seiner ihm innewohnenden Gerechtigkeit siegen werde. Diese Ansicht wies er zurück: Die Attraktivität war noch kein Beweis für die praktische Realisierbarkeit eines politischen Ideals. Die Welt sei nicht den menschlichen Marotten entsprechend formbar – sagte er –, vielmehr müsse jede Veränderung aus der genauen Beschreibung der objektiven Gesetze abgeleitet werden, die die Entwicklung der Welt bestimmten.

Er bezeichnete seine eigene Theorie als „wissenschaftlich", eine Behauptung, die später begeistert von seinen Anhängern Engels, Lenin, Stalin und den Lehrern des Marxismus in den Ländern des sowjetischen Blocks wiederholt wurde. Die wissenschaftliche Natur des Sozialismus war jedoch von Anfang an umstritten, da nicht klar war, welche Wissenschaft dahinterstehen und was diese beweisen sollte etc. Diese Wissenschaft allerdings existierte gar nicht. Die Idee des Sozialismus wurde von Theorien der Gesellschaft und der Geschichte gestützt, die aber nicht als wissenschaftlich gelten können. Die Begründung des Sozialismus als politische Struktur könnte nicht einmal als seriöses Argument durchgehen. Wissenschaftler, die sich damit befaßt haben – so zum Beispiel der schon erwähnte Leszek Kołakowski – hatten keine Zweifel daran, daß es sich beim Kommunismus um eine Utopie handelt. Es war gerade die utopische, und nicht die wissenschaftliche Natur des Marx'schen Kommunismus, die ihn so populär machte.

Der utopische Charakter der liberalen Demokratie ist nicht so offenkundig. Liberalismus und Demokratie hängen nicht in der gleichen Weise mit dem utopischen Denken zusammen. Zunächst stand der Liberalismus insbesondere in der Ökonomie dem utopischen Denken regelrecht feindselig gegenüber, weil er die Möglichkeit einer perfekten und endgültigen Wirtschaftsordnung ausschloß. Es gab aber auch sehr optimistische Ansichten, die davon ausgingen, daß die freie Marktwirtschaft ein wunderbares Instrument sei, um Kriege zu vermeiden und die weltweite Verbrüderung der Menschheit in einer zukünftigen Ära des wirtschaftlichen Austausches in die Wege zu leiten. Der wirtschaftliche Austausch würde das Markenzeichen einer zukünftigen Zivilisation von Frieden, Reichtum und Stabilität sein.

Die Wiederentdeckung des liberalen Utopismus im zwanzigsten Jahrhundert insbesondere durch Theoretiker des freien Marktes ist einfach zu erklären. Es reicht aus, sich die liberale Wirtschaftsordnung ohne Interventionen des Staates vorzustellen und die individuellen Rechte nicht durch den Staat garantiert (bis auf die Regeln der Kooperation), um festzustellen, daß diese einfachen Mechanismen niemals ausprobiert wurden. Für manche Liberale mochte diese Einfachhheit verlockend sein – gerade deshalb, weil diese Lösungen niemals unverwässert verwirklicht wurden. Es mussten immer Kompromisse eingegangen werden mit anderen politischen und wirtschaftlichen Systemen, mit ererbten Institutionen oder mit dem Konservativismus des Volkes. Aber würde man die mildernden Faktoren weglassen und den freien Markt kompromißlos und radikal verwirklichen, entstünde ein bestechend einfaches und überall anwendbares reines System, das alle großen Probleme lösen könnte. Kurz gesagt: eine Utopie.

Die utopische Tendenz hatte aber noch eine andere Dimension. Wirtschaftsliberale hatten ein Problem mit der Popularität des Sozialismus, den sie für eine vollkommen irrationale Idee hielten. Aber aus Gründen, die für sie unbegreiflich waren, hatten die sozialistischen Ideen die Herzen und das Denken vieler Millionen für sich gewonnen. Dieser riesige Erfolg ihres ideologischen Hauptfeindes veranlaßte sie, ihr früheres Vorgehen, mit dem sie versucht hatten, die Unterstützung der Massen zu gewinnen, zu revidieren. Sie glaubten nun, daß der freie Markt bis dahin nicht attraktiv genug war, weil er im Gegensatz zum Sozialismus nie in seiner einfachen und reinen Form existiert hatte. Wenn nun der freie Markt nicht in feiger, apologetischer Form präsentiert werden würde, sondern mit stolzer Offenheit als die optimale Antwort auf alle wichtigen Probleme, wenn er also offen den ideologischen Kampf mit dem Sozialismus aufnehmen würde, dann müsste dieser Kampf zu gewinnen sein. Sobald die wirtschaftsliberalen Denker zu dieser Schlußfolgerung gelangten, begannen sie den Ausdruck „Utopie" für ihre Sicht der Dinge zu benutzen. Denn schließlich gibt es nichts attraktiveres als eine funktionierende Utopie. Also sprachen einige Liberale und Libertäre offen von einer liberalen Utopie. Robert Nozick stellte in seinem symptomatisch betitelten Buch „Anarchie, Staat und Utopia" nicht nur eine neue Utopie, sondern vielmehr eine Utopie der Utopien vor. Er beschreibt eine Ordnung, die alle anderen Ordnungen mit beinhaltet, eine finale Ordnung, die alle anderen Ordnungen in sich aufnimmt. Die Utopie der Utopien bietet für jeden einen Platz an, um nach seinem eigenen Konzept von Utopie zu streben, ob Sozialisten oder Konservative, Royalisten oder Verfechter des Egalitarismus. „Utopia wird aus Utopien bestehen, aus vielen verschiedenartigen Gemeinschaften, in denen die Menschen verschiedene Lebensformen unter verschiedenen Institutionen pflegen", schrieb er. „Utopia ist ein System von Utopien, ... wo niemand seine eigene utopische Vision den anderen aufzwingen kann."[4]

Im Gegensatz zum Liberalismus hatte die Demokratie keine offenkundigen Verbindungen zum utopischen Denken. Seit der Antike wurde die Demokratie als ein fehlerbehaftetes System betrachtet, nicht besser und nicht schlechter als die Oligarchie oder die Monarchie. Platon und Aristoteles verfaßten einfühlsam kritische Analysen der Demokratie am Beispiel ihrer Funktionsweise im antiken Athen. Vieles von dem, was sie sagten, gilt heute noch, auch wenn die antike Demokratie sehr verschieden war von dem, was heute als Demokratie gilt. Platon und Aristoteles waren nicht die einzigen Kritiker des Systems. Im Gegenteil, es gibt kaum einen klassischen Philosophen, der die Demokratie nicht kritisiert hätte.

Die vornehmste Frage der antiken Philosophen war, welches das beste politische System sei. Die Demokratie gehörte nicht zu ihrer Auswahl. Warum? Sie glaubten, die Demokratie sei eine chaotische Ordnung, die systematisch die Herrschaft des Rechts unterminiere, sei parteiisch und häufig feindselig gegen herausragende Bürger und Führungspersönlichkeiten eingestellt. Die be-

4 Robert Nozick: Anarchie, Staat, Utopia, München, 2011, S.437

rühmte Verteidigung des demokratischen Athen durch Perikles in Thukydides' „Der Peloponnesische Krieg" ist eher eine Verteidigung Athens und des athenischen Imperialismus als der Demokratie als politisches Modell. Als Platon und Aristoteles ihre vernichtenden Bemerkungen über das athenische System niederschrieben, sahen sie es schon im Verfall begriffen und befürchteten, daß Athen schon bald einer Krise zum Opfer fallen und sich nie mehr davon erholen werde. Und genau das ist passiert.

Am Anfang der Moderne hat sich an dieser klassischen Sicht der Demokratie nicht viel geändert. Politische Denker interessierten Fragen wie: Warum und wie entsteht der Staat? Wie sollte er arbeiten, wie kann man seine Stabilität wahren und wer sei der Souverän? Bei all diesen Überlegungen hielt man das Problem der Demokratie für sekundär, wenn nicht tertiär. Der antiken Theorie, daß es sich um ein fehlerhaftes System handle, widersprach niemand. Als die Gründungsväter die Fundamente der amerikanischen Republik niederlegten, behandelten sie die Demokratie – wie auch andere politische Modelle – mit größtem Mißtrauen. Deshalb entwarfen sie einen komplexen politischen Mechanismus, um seine Schwächen zu mildern. Als Alexis de Tocqueville einige Jahrzehnte später die amerikanische Gesellschaft betrachtete, hatte er keinen Zweifel über ihren demokratischen Charakter. Bis dahin hatte die Demokratie schon alle Gedanken an andere politische Möglichkeiten verdrängt und wurde zum einzig vorstellbaren System. Sie behauptete sich in einer derart eindrucksvollen Weise, daß der französische Aristokrat sie für das Schicksal aller westlichen Gesellschaften hielt. Die Aussicht machte ihn nicht glücklich. Er beendete sein Buch „Über die Demokratie in Amerika" mit einer pessimistischen Feststellung: Die Demokratie sei eher ein Problem als eine Lösung. Er sah am Ende des demokratischen Weges einen neuen Despotismus heraufziehen, der sich von allen anderen despotischen Regimen unterschied, weil er unsichtbar den Geist der Menschen versklave, indem ihn das Volk freiwillig akzeptiere als die authentischste Vertretung seiner Wünsche.

Das bedingungslose Lob der Demokratie – im Gegensatz zu den Bedenken der klassischen politischen Theorie – war über eine lange Zeitperiode eine amerikanische Spezialität. Der weltweite Sieg der Demokratie – in ihrer liberalen Form – ließ noch ein wenig auf sich warten. Winston Churchill anerkannte in seinem berühmten Aphorismus die alte Wahrheit, daß Demokratie nicht perfekt sei, doch er ließ durchklingen, daß sie allen anderen Regimes überlegen wäre. Damit verlieh er der Demokratie eine Position, die sie niemals zuvor hatte.

Wenige Jahrzehnte später war jede Ungewißheit gewichen. Man bezeichnete die Demokratie als unvollendetes Projekt, das immer wieder durch die grenzenlose menschliche Kreativität überprüft und verbessert werden müsse. Die Demokratie demokratisierte sich selbst immer weiter, um sich selbst zu überholen. Beim französischen Philosophen Jacques Derrida findet man Feststellungen, daß die Demokratie so demokratisch werden müsse, daß sie über sich hinauswachse. Am Ende tauchte das Wort „Utopie" doch noch auf. Es war der Philosoph John Rawls, die größte Autorität für die Anhänger des liberal-demokratischen Systems und einer der Schöpfer der heutigen liberal-demokratischen Orhodoxie, der die liberale Demokratie eine Utopie nannte. Er sprach damit öffentlich aus, was so viele immer wieder gedacht, aber nie auszusprechen gewagt haben.

3.

Kehren wir zum berühmten Zitat von Churchill zurück. Es stammt aus einer Rede, die er vor dem britischen Unterhaus am 11. November 1947 gehalten hat: „Many forms of Government have been tried, and will be tried in this world of sin and woe. No one pretends that democracy is perfect or all-wise. Indeed, it has been said that democracy is the worst form of Government except all those other forms that have been tried from time to time;"[5] (Es sind viele Regierungsformen ausprobiert worden und werden noch ausprobiert werden in dieser sündigen und leidvollen Welt. Niemand behauptet, daß die Demokratie perfekt oder am weisesten sei. In der Tat ist festgestellt worden, daß die Demokratie die schlimmste der Regierungsformen ist, alle anderen ausgenommen, die man von Zeit zu Zeit ausprobiert hatte.)

5 Parliament Bill, 11 November 1947, Vol. 444, Abschnitt 207

Churchills Aussage entwickelte alsbald ein Eigenleben. Sie wurde wiederholt verbogen oder modifiziert, je nach den Intentionen der Zitierenden. Es gibt zwei Hauptvarianten mit zwei verschiedenen Interpretationen. Die erste ist ein mildes Paradoxon: „Die Demokratie ist das schlechteste politische System, außer alle anderen." Der Satz enthält zwei wesentliche Aussagen über den paradoxen Stand der Demokratie allen anderen politischen Systemen gegenüber: Die Demokratie ist fehlerhaft (sogar am schlimmsten fehlerhaft), zugleich ist sie jedoch allen anderen Systemen überlegen (weshalb sie doch nicht die schlimmste ist, weil alle anderen noch schlimmer sind). Wenn wir davon ausgehen, daß der erste Teil der Information der wichtigere ist, dann hätten die antiken Autoren zumindest teilweise Recht, indem sie die Macht des Volkes als ein außerordentlich fehlerhaftes System betrachteten, das Wachsamkeit und möglicherweise auch nicht-demokratische korrigierende Mechanismen erforderlich macht. Churchill wies nicht auf konkrete Fehler der Demokratie hin, aber man kann aus dem Zitat einen gewissen Skeptizismus und eine milde Kritik der demokratischen Prozeduren herauslesen. Doch es war nicht die Botschaft des – gemäßigten – Skeptizismus und der Kritik in diesem Zitat, die die Herzen der Unterstützer der Demokratie in der ganzen Welt für sich gewann.

Eine viel größere Popularität erlangte eine andere, von der vorherigen sehr verschiedene Schlußfolgerung. Diese Argumentation besagte, daß der zweite Teil der Information die Kernaussage des Zitats sei, nämlich, daß alle anderen Systeme noch mangelhafter seien. Der erste Teil, daß die Demokratie viele Mängel habe, könne deshalb ignoriert werden. Diese Schlußfolgerung gab dem Zitat eine unzweideutig pro-demokratische Aussage, sie drückte nicht mehr aus, daß Demokratie die am wenigsten fragwürdige Ordnung, sondern daß sie die beste sei. Wenn sie aber die beste ist, so können ihre Fehler vernachlässigt werden. Mit Hilfe dieser Wendung verliert jede Kritik an der Demokratie ihre Berechtigung, denn es hat ja keinen Sinn und ist unverantwortlich, eine Ordnung zu kritisieren, die definitiv allen anderen überlegen ist. Die Krönung dieser Argumentation ist die Behauptung, daß alle Mängel der Demokratie, welche sie auch sein mögen, durch noch mehr Demokratie behoben werden können – die Korrektur des Besten durch das Beste selbst.

Wenn wir jede dieser Schlußfolgerungen der obigen Argumentation für sich betrachten, sehen wir, daß sie tatsächlich eine Serie von unbegründeten Behauptungen bilden. Die Abfolge der Schritte sieht so aus:

1. Alle Systeme sind schlimmer als die Demokratie;
2. Demokratie ist das beste politische System;
3. Die Demokratie darf nicht kritisiert werden, da diese Kritik eine Ordnung unterminieren könnte, für die wir keine Alternative haben;
4. Nur die Demokratie allein ist akzeptabel. Deshalb müssen alle Veränderungen und Anpassungen innerhalb der Demokratie nur durch demokratische Mittel vorgenommen werden;
5. Das Heilmittel gegen die Schwächen der Demokratie kann nur mehr Demokratie sein.

Mit jedem Schritt wird dem vorigen Schritt zusätzlicher Inhalt hinzugefügt, wodurch man sich immer mehr von der ursprünglichen Aussage entfernt. So entsteht eine große Kluft zwischen den Sätzen 1 und 5. In Satz 1 wird eine eher skeptische Ansicht über alle politischen Ordnungen, die Demokratie mit inbegriffen, ausgedrückt, wobei ihr Vorteil gegenüber ihren Rivalen darin besteht, daß sie etwas weniger unvollkommen ist. Satz 5 dagegen ist ein enthusiastisches Bekenntnis zur Demokratie und die Verurteilung von allem, was nicht demokratisch ist. Wer dem Satz 1 zugestimmt hat, kann nicht einfach zu Satz 5 übergehen, ohne die Regeln der Logik zu verletzen.

Der letzte Satz ist ganz offensichtlich absurd, und trotzdem wird er heutzutage für den Ausdruck tiefer politischer Weisheit gehalten. Man braucht keine großen Einsichten, um die Absurdität von Satz 5 zu begreifen: Maßlosigkeit kann nie richtig sein. Keiner würde je behaupten, daß man die Probleme der Oligarchie oder der Monarchie mit noch mehr Oligarchie oder Monarchie beheben könnte, niemand wird das Fortschreiten der Monopole mit weiterer Monopolisierung, Anarchie mit noch mehr Anarchie bekämpfen wollen. Wenn wir mit der Behauptung, Demokratie habe ihre Schwächen, einverstanden sind, warum sollten wir glauben, daß diese Schwächen durch mehr Demokratie eliminiert werden könnten? Wie soll mehr Demokratie helfen, die Vulgarität der Demokratie, den Kult der Mittelmäßigkeit, die Schwächung der Sitten und Traditionen, die wuchernde Gesetzgebung, die Allgegenwart der Parteien und die Durchdringung des ganzen Lebens durch die Politik zu beenden? Wenn die Demokratie immer neue Gruppen in den politischen und legislativen Prozeß einführt und sie mit den Instrumenten versieht, ihre Interessen durch Gesetzgebung zu sichern, wie soll dann die immer größere Zahl dieser Gruppen und ihr wachsender Einfluß gesetzgeberische Zurückhaltung herbeiführen?

Auch im Kommunismus herrschte eine entsprechende Rhetorik vor. Als die Führung mit den immer wiederkehrenden Symptomen des Systemverfalls konfrontiert wurde, bezeichneten die kommunistischen Herrscher und ihre Propagandisten sie beschönigend als Zeichen von „Abweichungen". Sie behaupteten, daß sie zustande kamen, weil der wahre Weg zum Sozialismus verlassen wurde und deshalb ein noch wahrhaftigerer Sozialismus von Nöten sei. Einen empirischen Beweis dafür, daß es dann besser werden würde, gab es nicht. Aber empirische Beweise spielen ohnehin keine Rolle, wenn es um Glauben geht.

Beide Behauptungen – sowohl was den Weg zur Verbesserung des Sozialismus als auch der Demokratie betrifft – sollte man deshalb nicht als Vorschläge, sondern als Offenbarung politischer Frömmigkeit interpretieren. Die Demokratie hat einen Geisteszustand entstehen lassen, in dem der Bürger öffentlich und privat einen inneren Drang verspürt, zu betonen, daß die Demokratie eine absolute Überlegenheit besitze, über die kein Zweifel zulässig sei, daß jede Infragestellung und jeder Versuch, nicht-demokratische Korrekturen in Erwägung zu ziehen, ein Akt des Verrats sei, auch wenn es nur um ein intellektuelles Experiment gehen sollte. Dieser Bürger wird den Ausdruck „Utopie" wahrscheinlich nicht benutzen, aber es gibt keinen besseren Ausdruck für das System, das er zu verehren gelehrt wurde.

4.

Churchills Zitat kann freilich auch anders interpretiert werden. „Demokratie ist nicht gut, aber es ist kein anderes, besseres System erfunden worden." Auch wenn viele diesen Satz für unstrittig richtig halten, ist er trotzdem falsch. Denn das bessere System ist erfunden worden. Es wurde konzeptionell in der Antike als Ergebnis einer langen Debatte über das beste politische System entwickelt. Das Konzept erschien zuerst in den späten Werken Platos und wurde von Aristoteles weiterentwickelt.

Die Argumente der antiken Denker entstammten genauen Beobachtungen und der begründeten politischen Erfahrung, daß die meisten Ordnungen einseitig sind, weil sie zu stark eine Richtung bevorzugen, bestimmt durch die Eigenheiten der Gruppe, die den entscheidenden Einfluß bei der Funktionsweise des Systems ausübt. Diese Beobachtung nahm die Ansicht Churchills vorweg, oder vielmehr hat Churchill in leicht abgewandelter Form die klassische Einsicht wiederholt. Die antiken Denker unterschieden drei Grundformen von Systemen: die Monarchie (Regierung durch eine Person), die Oligarchie, manchmal auch Aristokratie genannt, (Regierung durch eine Minderheit) und Demokratie (Regierung durch die Mehrheit). Sie hielten sie alle in mancher Hinsicht für gut und mangelhaft in anderer. So war jedes System besser als das andere, aber den anderen zugleich auch unterlegen. Vorteil der Monarchie war zum Beispiel, daß sie die Entscheidungsfindung vereinfachte und ihr größere Konsistenz verlieh. Ihr Nachteil – unter anderem – war ihre Neigung zur Tyrannei. Der Vorteil der Oligarchie war der kulturelle Elitismus, der Nachteil die Möglichkeit, das öffentliche Interesse Minderheiteninteressen unterzuordnen. Der Vorteil der Demokratie war, daß sie repräsentativ war, ihr Nachteil die Gefahr von Anarchie und Gruppenquerelen.

Eine mögliche Lösung für das Einseitigkeitsproblem war, die drei Typen von Systemen zu kombinieren. Es sollte möglich sein, ein System zu entwerfen, das Monarchie, Oligarchie und Demokratie kombiniert, um die jeweiligen Vorteile zu unterstützen und die Nachteile zu neutralisieren. Man könnte den repräsentativen Charakter der Demokratie mit oligarchisch-aristokratischen Institutionen kombinieren, um den Elitismus zu bewahren und mit einer Form von Monarchie, um die Effektivität des Regierens sicherzustellen. Ob eine solche Lösung möglich war, hing vom Einfallsreichtum der Politiker und dem Charakter der jeweiligen Gesellschaft ab. Es konnten viele verschiedene hybride politische Formen entstehen. Cicero nannte dieses gemischte System „res publica". Das war der Anfang der so wichtigen republikanischen Tradition in der westlichen Zivilisation.

In seiner modernen Version folgte der Republikanismus komplexen Pfaden. Manchmal verlor er die ursprüngliche Bedeutung (insbesondere dann, wenn der Ausdruck als Abkürzung für den revolutionären Antimonarchismus benutzt wurde), doch die wesentliche Botschaft, den ihm die antiken Denker mitgaben, blieb häufig erhalten. Die als Republik organisierte politische Gemeinschaft enthielt verschiedene Strukturelemente, von denen eines die Demokratie war. Selbst das amerikanische System, das heute als die exemplarische Verkörperung der repräsentativen Demokratie gilt, wurde als hybride Konstruktion begründet. Einige der Gründungsväter sahen ein großes Problem darin, wie die Volksherrschaft eingegrenzt und dem aristokratischen Element das richtige Gewicht garantiert werden konnte. Das aristokratische Element sollte für die Verteidigung und Verbreitung von ethischen und politischen Tugenden sorgen. Alexis de Tocqueville dachte über ein ähnliches Problem nach, das ihm noch drängender erschien, als er sah, daß die Einführung der Demokratie unabwendbar war. Es war für ihn von allergrößter Dringlichkeit, in der nahenden neuen Zeit einer immer egalitärer werdenden Gesellschaft etwas aristokratischen Geist einzuflößen.

Selbst im zwanzigsten Jahrhundert bis in die dreißiger Jahre war die positive Ansicht über die hybriden politischen Systeme ziemlich weit verbreitet, obwohl die schnelle Karriere des Wortes „Demokratie" schon seinen Anfang nahm, indem es von einer Beschreibung zur Norm avancierte. Man bewegte sich weg davon, politische Systeme danach zu beurteilen, wo ihre Vor- und Nachteile lagen. Stattdessen wurde eine politische Einrichtung vergötzt und ihre Probleme systematisch mißachtet. Es entstand die lächerliche Praxis, gewisse politische Handlungsweisen und Aktionen als demokratisch zu loben, andere wiederum als undemokratisch zu verdammen.

Bevor das Konzept des hybriden oder gemischten Systems verschwand und der Verehrung der Demokratie Platz machte, spielte es im politischen Denken und der Praxis eine kreative Rolle und verhinderte, daß Politiker in Utopismus verfielen. Es gab nicht nur ein Modell der Kombinationen, vielmehr wiederspiegelten die politischen Einrichtungen nationale Traditionen, meistens aus der vordemokratischen Zeit. Das postrevolutionäre Frankreich war ebenso eine Republik wie England und die Niederlande (beides formale Monarchien) oder auch zu einem gewissen Grad die Vereinigten Staaten. Die republikanische Formel erlaubte eine beachtliche Diversität, politische Experimente und eine große Zahl von Innovationen, die moderne und traditionelle Elemente auf verschiedenen Ebenen des öffentlichen Lebens kombinierten. Nicht nur verschwand diese Herangehensweise innerhalb einiger Jahrzehnte vollständig aus dem öffentlichen Bewußtsein, sie wurde auch marginalisiert durch die politische Wissenschaft. Das Wort „Republik" wird heute nur noch als Bezeichnung für die Form der Regierung benutzt, und jeder Versuch, seine Bedeutung auszuweiten und seinen ursprünglichen Umfang wieder herzustellen, provoziert nur irritierte Reaktionen.

Politiker benutzen nur widerwillig das Wort „Republik", weil die Menschen dazu neigen, dabei an eine repressive Form von Staat zu denken. Sie ziehen das Wort „Demokratie" vor, das man mit Freiheit, Offenheit und Diversität assoziiert. Diese Assoziationen freilich sind falsch, da die Diversität einer Republik viel größer ist als die der liberalen Demokratie, schließlich enthält sie auch undemokratische, das heißt aristokratische und monarchische Institutionen und entspricht so auch nicht-demokratischen Empfindlichkeiten. Die liberale Demokratie ist da viel restriktiver, da sie sich viel stärker an egalitären Prinzipien orientiert, von denen man annimmt, sie würden die Diversität fördern. Doch das Gegenteil trifft zu: Der Egalitarismus toleriert keine aristokratischen und monarchischen Tendenzen. Dies gilt nicht nur für die politischen Strukturen des Staates (was man vielleicht noch verstehen könnte), sondern auch für alle Bereiche des öffentlichen Lebens. Und obwohl die liberale Demokratie die am meisten homogenisierende Kraft in der modernen Welt ist, läßt sie die Illusion entstehen, daß sie allein für eine differenzierte Gesellschaft steht.

Der liberal-demokratische Mensch ergibt sich dieser Illusion. Er glaubt – fälschlicher Weise –, daß er sich selbst so diversifiziert hat, daß durch ihn die ganze Welt diversifiziert wird. Da er aber in Wirklichkeit seine Sensibilität für Diversität verloren hat, merkt er gar nicht, wie durch ihn die Welt in einer erstickender Gleichförmigkeit versinkt.

Dieses System darf – genau wie der Sozialismus – nicht kritisiert werden. Man kann die liberale Demokratie in keinem Lebensbereich verlassen, ebenso wenig, wie man den Sozialismus verlassen konnte. Und selbst wenn so ein Rückzug durch Zufall oder durch den Druck irgendwelcher Umstände stattfinden sollte, darf er nicht als solcher bezeichnet und gedacht werden, auf jeden Fall nicht als Abweichung vom liberal-demokratischen Modell.

5.

Es gibt durchaus ein Gegenargument zu alledem: Man könnte sagen, daß die modernen westlichen politischen Systeme durchaus hybride Systeme seien, obwohl sie sich alle Demokratie nennen. Der Name selbst soll den gemischten Charakter zum Ausdruck bringen. Die Systeme sollen Kombinationen von Liberalismus und Demokratie sein und so die ursprünglichen Eigenschaften der gemischten Ordnungen bewahren, wenn auch in einer Form, die den Erfordernissen der Moderne entsprechend modifiziert wurde. Aber ist die liberale Demokratie wirklich ein gemischtes System?

Wir wissen nicht genau, seit wann der Ausdruck „liberale Demokratie“ in die allgemeine politische Sprache eingegangen ist, aber bestimmt war es vor nicht allzu langer Zeit. In der Mitte des neunzehnten Jahrhunderts schrieb der Philosoph John Stuart Mill darüber, wie der Fall der traditionellen Aristokratie die Freiheit bedrohe, insbesondere deshalb, weil durch den Prozeß der Demokratisierung die Gesellschaft eine indirekte, aber umso schwerwiegendere Kontrolle über den individuellen Geist erlangte. Er argumentierte, daß der Liberalismus eine Kraft gegen diese gefährliche Tendenz sein könnte, indem er den Raum für Ungehorsam und Exzentrizität öffne. Im 20. Jahrhundert war es Ortega y

Gasset, der eine Form von aristokratischem Liberalismus vorschlug, ebenfalls als Gegengewicht zum überwältigendem Maß an Demokratisierung, das er Massengesellschaft nannte. Das heißt, über einen langen Zeitraum ging man davon aus, daß Liberalismus und Demokratie in zwei verschiedene Richtungen wiesen und gegensätzliche Strategien seien. Sie zu kombinieren schien deshalb ein lohnendes Unterfangen zu sein.

Die Etablierung der Demokratie schien dringend eine Gegenbewegung zu brauchen, ganz besonders deshalb, weil – wie so scharfsinnige Denker wie Alexis de Tocqueville und Ortega y Gasset zeigten – sie weit mehr war als ein Mechanismus des friedlichen Machtwechsels. Sie hatte auch die Fähigkeit, die Denkweise der Gesellschaft vollständig zu verändern, indem sie sie all jener wertvollen und kreativen intellektuellen und psychologischen Impulse, all jener sozialen Gewohnheiten und Bestrebungen beraubte, die mit den demokratischen Vorgehensweisen nicht vereinbar waren. Tocqueville und Ortega benutzten eine andere Sprache und waren mit einer anderen politischen Realität konfrontiert als die antiken Philosophen, drückten jedoch ähnliche Bedenken aus. Sie argumentierten, daß die Demokratie dazu neige, den Geist der Menschen zu versklaven, mit Methoden, die nicht leicht zu durchschauen und zu kontrollieren, aber nicht minder perfide sind als in der Antike. „Ich kenne kein Land, in dem im allgemeinen weniger geistige Unabhängigkeit und wirkliche Diskussionsfreiheit herrscht als in Amerika“[6], schrieb Tocqueville in „Über die Demokratie in Amerika“. Wo er über die Einschränkung von Freiheit sprach, meinte er nicht die legalen Einschränkungen der Meinungsfreiheit, sondern vielmehr den Druck, der bewirkt, daß aus dem Geist alles verbannt wird, was die demokratische Gesellschaft nicht als legitime Meinung betrachtet.

Damals konnte die Armut des demokratischen Geistes wahrgenommen und beklagt werden, weil es noch die klassische Bildung gab, die hinter dem nicht-demokratischen Werturteil eines Außenstehenden stand. Es gab noch Menschen, zu deren Bildung Aristoteles, Plutarch und Cicero gehörten, und so konnten diese gar

---

6 Alexis de Tocqueville: Über die Demokratie in Amerika, Stuttgart, 1985, S. 150

nicht anders als bemerken, daß die ungezügelte Demokratisierung mit der Vereinheitlichung des Denkens einherging. Dies war eine direkte Folge des antihierarchischen Konformismus, das den demokratischen Menschen auszeichnet. Denker wie Tocqueville und Mill dachten, daß der Liberalismus als ein aristokratischer Faktor funktionieren könnte, ähnlich, wie es die antiken Philosophen gedacht hatten. Mehr individuelle Freiheit durch den Liberalismus könnte den Wunsch nach höheren Zielen wiedererwecken und den allgegenwärtigen Druck zur Mittelmäßigkeit mildern. Er sollte zu exzentrischen Verhalten ermutigen, wie Mill hoffte, und würde den Geist anregen auf der Suche nach dem Neuen und Außerordentlichen. Die Verknüpfung von Demokratie und Liberalismus schien eine vielversprechende Idee zu sein: Demokratie sicherte das umfassende Gleichgewicht der politischen Ordnung, während der Liberalismus dafür sorgte, daß die Gesellschaft durch individuelles Streben nach Verbesserungen bereichert und das Verlangen nach Kreativität und Veränderung befriedigt wird.

Das Konzept der liberalen Demokratie als eine Mischung aus Demokratie und Liberalismus wird meistens als die gegensätzliche Idee zur totalitären Demokratie erklärt. Der Ausdruck „totalitäre Demokratie“ stammt von Jacob Talmon, der ihn im Zusammenhang mit der Analyse der Philosophie von Jean-Jacques Rousseau geprägt hat. Das Zitat, das Rousseaus Schicksal als Vertreter des Totalitarismus besiegelt hat, stammt aus der Abhandlung „Vom Gesellschaftsvertrag“. Dort schreibt er, daß der allgemeine Wille berechtig sei, den individuellen Willen zu Gehorsam zu zwingen, weil dieser Akt mit dem Zwang zur Freiheit gleichbedeutend sei. Der Ausdruck ist in der Tat unglücklich gewählt, doch die Idee dahinter ist viel komplexer als es die meisten Kritiker Rousseaus erkannt haben. Talmon schrieb – und nach ihm viele andere Autoren –, daß in der totalitären Demokratie im Prinzip kein Konflikt zwischen dem Staat und dem Individuum existieren dürfe, und sollte dennoch ein solcher entstehen, hätte der Staat die moralische Pflicht, das Individuum zum Gehorchen zu zwingen. Menschen mit liberalen Empfindlichkeiten wiesen diese Möglichkeit mit der berechtigten Erklärung entsetzt zurück, daß Freiheit und Zwang einander gegenseitig ausschlössen. So betonten Liberale von Anfang an das Prinzip, wonach der Mensch in der liberalen

Demokratie nicht zur Freiheit gezwungen werden dürfe, weil die Entscheidung dafür oder dagegen nicht bei der Regierung, der Kirche, der Nation oder irgendeiner Gemeinschaft liege, sondern beim Menschen allein.

Die republikanische Demokratie, wie sie sich in Amerika und später in Europa entwickelt hat, ähnelte freilich niemals dem von Rousseau entworfenen quasi-totalitären System, zumindest in ihrer Struktur nicht. Sie wurde nicht von einem allgemeinen Willen regiert, sondern von politischen Parteien und Interessengruppen, was Rousseau als das genaue Gegenteil seiner Konzeption angesehen hätte. Wenn Tocqueville, Ortega und andere Denker liberale Elemente in das demokratische System einbeziehen wollten, so taten sie das weniger aus Sorge um die politische Struktur der Demokratie, sondern vielmehr weil sie Gefahren für deren sozialen und kulturellen Inhalt abwehren wollten. Sie fürchteten die Tyrannei von Gefühl und Meinung und die allgemeine Gravitation der demokratischen Gesellschaft in Richtung konformistischer Mittelmäßigkeit. Die Konzentration von politischer Macht konnte durch die Einführung von bürgerlichen Freiheitsrechten, den Bill of Rights und anderen gesetzlichen Garantien manchmal, aber nicht immer verhindert werden. Doch das war keine wirksame Antwort auf die Gefahren der Demokratie, die von jenen Denkern so genau identifiziert wurden, die ich – in Ermangelung eines besseren Begriffs – die aristokratischen Liberalen nennen würde.

6.

Wenn wir die Veränderungen in den liberal-demokratischen Gesellschaften betrachten, die vor allem in den letzten Dekaden stattgefunden haben, in einer Zeit, in der das republikanische Modell seinen Einfluß verloren hat, dann können wir feststellen, daß nicht die Demokratie durch den Liberalismus angereichert, sondern vielmehr der Liberalismus demokratisiert wurde. Das Ergebnis war das Gegenteil des erhofften. Gegensätzliche Elemente, wie das demokratische und das aristokratische, die gegenseitig ihre Schwächen hätten ausgleichen können, wurden nicht zu einem System zusammengefaßt. Der Liberalismus konnte die Demokratie nicht diversifizieren, weil es inzwischen ein anderer Typ von

Liberalismus war als der, auf den die amerikanischen Gründerväter, Tocqueville und Ortega ihre Hoffnungen richteten. Er war nicht aristokratisch, sondern egalitär, und so verstärkte er das, was er ursprünglich konterkarieren sollte. Das hätte aber nicht überraschen dürfen, denn die ursprüngliche Idee des Liberalismus war in der Tat egalitär.

Der Ausgangspunkt des Liberalismus – und zugleich seine letztendliche Perspektive – ist eine hypothetische Situation, in der relativ unabhängige Einheiten durch ein System von Verträgen miteinander kooperieren. Die Demokratisierung verwandelte den Liberalismus in eine Doktrin, in der die handelnden Einheiten nicht mehr die Individuen, sondern Gruppen und Institutionen des demokratischen Staates sind. Anstatt daß Individuen das soziale Kapital mit neuen Ideen und Bestrebungen bereichert hätten, tauchten nun Personen auf, die Forderungen stellten, die sie als Rechte bezeichneten und die im Rahmen organisierter Gruppen handelten. Diese Gruppen richteten fortdauernd Forderungen an staatliche Institutionen und übten Druck auf sie aus, um die Gesetzgebung und die Politik zu ändern. Nach einer Zeit gelang es ihnen auch, die juristischen Entscheidungen der Gerichte zu beeinflussen und so die gesetzliche Verankerung ihrer Positionen und der erworbenen Privilegien zu sichern. Als Endprodukt dieser Entwicklung hörte der Staat in der liberalen Demokratie auf, das Gemeinwohl zu vertreten. Er wurde stattdessen zur Geisel von Gruppen, die ihn ausschließlich als Instrument ihrer eigenen Interessen behandelten.

Der Staat wurde immer mehr in den Prozeß der Verfolgung von Gruppeninteressen involviert und verlor seinen ursprünglichen republikanischen Charakter. Er wurde zum Konglomerat von sozialen, wirtschaftlichen, kulturellen und anderen politischen Programmen, inszeniert in demokratischen Prozeduren. Das führte dazu, daß der Staat immer mehr spezifische Verantwortlichkeiten übernahm, die weit über die normale Funktion des Staatsapparats hinausgingen. Die neuen Erwartungen von Gruppen hatten immer mehr mit ihrem Status und ihrer sozialen Anerkennung zu tun, deshalb reichten die traditionellen Mittel staatlicher Politik nicht mehr aus. Es wurde notwendig, tief in die soziale Substanz einzugreifen – dorthin, wo die Wurzeln von Status und Anerkennung liegen. Dies geschah entweder durch direkte politische Aktion oder indirekt durch Gesetzesänderungen, gerichtlichen Entscheidungen und durch die drastische Anpassung der Moral und der Sitten, um die Gleichheit zu garantieren. Die Vertreter des Staates, bewaffnet mit der Rhetorik der Antidiskriminierung, sahen es nunmehr als ihre Aufgabe an, Angelegenheiten, die allzu lange unreguliert blieben, zu regulieren, was meistens bedeutete, bestimmten Gruppen Privilegien zuzugestehen, die man vorher anderen genommen hatte.

Durch den Siegeszug der liberalen Demokratie war es auch für jene, die früher die Übergriffe des kommunistischen Staates beklagten, nicht mehr möglich, zur asketischen Zurückhaltung des liberalen Staates zurückzukehren. Auch wenn der liberal-demokratische Staat viel effektiver ist als der kommunistische, fing er allmählich an in einer ähnlichen Weise zu expandieren und tief in das Leben seiner Bürger einzugreifen. Im kommunistischen Staat waren es die Behörden, die – weil sie überleben wollten – immer entschlossener in die spontanen Entwicklungen der Gesellschaft eingriffen. Im liberal-demokratischen Staat sind die Bürger selbst die Quelle dieser Eingriffe, sowohl als Individuen als auch als Mitglieder von Privilegien beanspruchenden Gruppen.

Mit der Demokratisierung des Liberalismus entfesselte der Staat die Hyperaktivität dieser Gruppen, der die Hyperaktivität der politischen und gesetzgeberischen Institutionen folgte. Die Regierung, die Gerichte und die gesetzgebenden Körperschaften standen unter dem permanenten Druck, immer neue Privilegien zu verteilen und weitere Rechte zuzusichern. Bald entdeckten die Politiker, daß diesen Forderungen nachzugeben, oder sie auch nur zu antizipieren, ihnen Vorteile verschaffte. Die Fortsetzung der Gleichstellungspolitik war die beste Methode, um Wählerstimmen zu sichern und an der Macht zu bleiben. Und so begann ein merkwürdiger Wettlauf: Auf der einen Seite erfanden die Interessengruppen immer effektivere Methoden, um die Politik der Exekutive, der Legislative und der Gerichte zu beeinflussen, auf der anderen Seite traten Politiker, Gesetzgeber und Richter in einen Wettbewerb, wer am besten neue Privilegien und Rechte an diese Gruppen sicherzustellen vermochte.

Die wachsende Zahl der Interessengruppen machte neue gesetzliche und rechtliche Entscheidungen notwendig, neue Regeln mußten her, um die bestehenden Gesetze zu verbessern und sie mit neuen, den aktuellsten, Interpretationen zu versehen. Gesetzgebung und Gerichte kämpften unermüdlich mit den neuen politischen Realitäten und ergriffen häufig selbst die Initiative, um ihre eigene politische Rolle zu legitimieren und zu stärken. Es war nicht mehr möglich, diesen Prozeß umzukehren, denn in der demokratischen Politik hatte niemand ein Interesse daran. Die demokratische Prozedur war nicht geschaffen worden, um die politische Aktivität einzuschränken, sondern im Gegenteil, um sie mit einer immer größeren Geschwindigkeit am Laufen zu halten. Ruhelose Aktivität und Reaktivität, Änderung und Modifikation, Initiativen und Antworten auf neue Herausforderungen – all das hielten Politiker, Gesellschaft, Medien und auch der politische Mensch für das richtige Verhalten und machten es zum Maßstab der politischen Beurteilung.

Es ist manchmal in Anbetracht der ständigen Aktivitäten von Politikern und politischen Institutionen schwer zu erkennen, welche Beziehung zwischen den Interessen einer bestimmten Gruppe und dem Staat bestehen. Ein Staat, der keinen fieberhaften Aktivismus zeigt und die Bürger nicht wirksam davon überzeugen kann, daß er mit größter Geschäftigkeit für das Wohl von spezifischen Gruppen sorgt, läuft schnell Gefahr, in die Hände neuer Parteien oder Machtgruppen zu fallen. „Veränderung und Reform" wird endlos während der Wahlen wiederholt, egal ob die wirtschaftliche und politische Situation das erfordert. Oft sind die Veränderungen oberflächlich und unnötig, sie machen einfache Dinge kompliziert, ersetzen Gutes durch Schlechteres, weniger Bösartiges durch Bösartigeres, aber jeder spürt den Drang zur Aktivität, auch wenn es nur eine Scheinaktivität ist.

Es ist kennzeichnend für unsere Zeit, daß die Ausbreitung des Staates nicht mit dem wachsenden Glauben an seine wundersamen Fähigkeiten einhergeht, wie das in der Vergangenheit der Fall war. An die Möglichkeiten des Staates werden keine großen Hoffnungen mehr geknüpft. Im Gegenteil, es scheint, daß der Staat von den Bürgern nicht mehr respektiert wird, seitdem sein Einfluß immer größer und seine Verantwortlichkeiten immer zahlreicher geworden sind. Ansprüche an den Staat werden in einem Ton von wütender Ungeduld vorgetragen und nicht im Glauben an seine wohltätige Allmacht. Es ist ein Paradoxon, daß der liberal-demokratische Mensch immer mehr vom Staat erwartet, während er ihn immer weniger würdigt.

Trotz dieses etwas zynischen Blickes auf die gegenwärtige Politik und ihre Institutionen besteht der unerschütterliche Glaube an die absolute Überlegenheit der liberalen Demokratie fort. Nirgendwo ist das besser zu beobachten als in der Europäischen Union. Die heute gültige EU-Doktrin besagt ausdrücklich, daß die EU als ultimatives System der Gipfel der „europäischen Werte", die finale Entwicklungsstufe der europäischen Völker ist und aller Lob und Schutz verdient. Länder, die ausbrechen oder Politiker, die die kleinsten Vorbehalte äußern, sind sofort Gegenstand unverhältnismäßig scharfer Kritik. Die EU-Propaganda sieht die seit zweieinhalbtausend Jahren geführte politische Debatte an ihrem Ende, denn die Europäer haben nun endlich alle größeren politischen Probleme gelöst, nicht nur auf einer intellektuellen, sondern auch auf der institutionellen Ebene, auf dem ganzen Kontinent und darüber hinaus auf der ganzen Welt. Die EU ist das Maß aller politischen Entwicklungen in der Welt und wie einst die Sowjetunion die Hoffnung der unterdrückten Völker aller Kontinente.

So überrascht es nicht, daß die EU zur stärksten regulierenden Kraft in Europa geworden ist. Europapolitiker erklären stolz, daß sie für siebzig Prozent der nationalen Gesetzgebungen verantwortlich seien. Die Mehrheit der Bürger hält diese Gesetze für völlig überflüssig, sie sind aber notwendig aus der Sicht der europäischen Institutionen: Sie bestätigen ihre Macht, unabhängig davon, ob sie vorteilhaft für die Bürger sind oder nicht. Der Gesetzgebungsprozeß bezieht viele Menschen, Organisationen und Gremien ein, und so entsteht eine kolossale Armee, die den Boden für die nachfolgende Gesetzgebung bereitet und jede Kritik schon im Vorfeld vernichtet. Der ganze Prozeß findet inmitten einer Wolke von Propaganda und ideologischen Begründungen statt. Jede einzelne legislative Regelung wird nicht als eine einfache organisatorische oder administrative Entscheidung präsentiert, sondern als ein Schritt in die Richtung von etwas Großem, wofür wir Europäer dankbar sein sollten. Jedes Dokument der Europäischen Kommission wird mit einer prahlerischen Rhetorik als unwiderlegbarer Beweis für den Sieg des europäischen Projekts präsentiert.

Die kommunistischen Politiker argumentierten sehr ähnlich: Sie leugneten kategorisch jede Schwäche des Systems und hörten nicht auf, die Bürger davon überzeugen zu wollen, daß der ständige Kampf mit der permanenten Krise des Systems nur ein Beweis für dessen Überlegenheit sei.

7.

Wenn die liberale Demokratie die letztendliche politische Lösung schlechthin sein sollte, hat dies neben anderen eine besonders beunruhigende Konsequenz, die den grundsätzlichen Prämissen der liberal-demokratischen Doktrin widerspricht. Wie schon festgestellt, unterscheidet sich die liberale Demokratie in einem grundlegenden Aspekt von der totalitären Demokratie: In der ersteren können die Menschen nicht „gezwungen werden, frei zu sein". Doch die liberale Demokratie verletzt dieses Prinzip andauernd, und was noch beunruhigender ist: Sie zeigt eine machtvolle Tendenz, sich in die andere Richtung zu entwickeln.

Wir beobachten seit einigen Jahrzehnten die Entstehung eines liberal-demokratischen allgemeinen Willens. Ob die Bedeutung des Ausdrucks mit jenem vollkommen identisch ist, den Rousseau benutzt hat, ist in diesem Zusammenhang nicht von Bedeutung. Tatsache ist, daß wir immer stärker einer demokratisch-liberalen Allgegenwart ausgesetzt sind, die von dem individuellen Willen unabhängig zu sein scheint und dem wir uns widerstandslos unterwerfen. Dieser allgemeine Wille durchdringt das öffentliche und private Leben. Er strömt aus den Medien, aus der Reklame, aus Filmen, den Theatern und der bildenden Kunst. Er kommt als allgemeine Ansicht und dreiste Stereotype daher, ist Inhalt der Bildungscurricula vom Kindergarten bis zu den Universitäten. Dieser liberal-demokratische allgemeine Wille kennt keine geographischen oder politischen Grenzen. Und obwohl er kein Kontrollzentrum und keine Vollzugsbehörde hat, bewegt er sich immer weiter vorwärts und erobert neue Gebiete, als würde er unter einem strukturierten und gut organisierten Kommando einer hervorragenden Strategie folgen. Freie, unabhängige und nur den Wählern gegenüber verantwortliche gesetzgebende Körperschaften machen Gesetze, die dem allgemeinen Willen entsprechen, und die Richter, die noch freier, unabhängiger und keinem gegenüber verantwortlich sein sollten, liefern Entscheidungen als wären sie seine getreuen Diener. Der liberal-demokratische allgemeine Wille erreicht Bereiche, von denen Rousseau nicht einmal zu träumen gewagt hat: die Sprache, die Gestik und die Gedanken.

Durch die Tätigkeit und den Geist der Menschen kann der liberal-demokratische allgemeine Wille allem und jedem seinen Stempel aufdrücken, auch denen, die entschlossen für andere Richtungen sein sollten. Die Sozialisten und Kommunisten verteidigen zwar ihre Positionen, aber zugleich versuchen sie zu beweisen, daß sie demokratischer und liberaler sind als die liberalen Demokraten: das heißt offener, pluralistischer, toleranter, inklusiver und noch begeistertere Befürworter aller Leistungsansprüche von Individuen und Gruppen, wie z. B. feministischer und antidiskriminatorischer. Die Konservativen, die eigentlich sowohl den Sozialisten als auch den Liberal-Demokraten widersprechen müßten, argumentieren allen Ernstes, daß auch sie offen, pluralistisch und tolerant seien, alle Leistungsansprüche unterstützten und auch für die Forderungen von feministischen und homosexuellen Aktivisten offen seien. Auch in dem, was sie verurteilen, sind sich Liberal-Demokraten, Sozialisten und Konservative einig: Sie verurteilen Rassismus, Sexismus, Homophobie, Diskriminierung und Intoleranz so wie all die anderen Sünden, die im liberal-demokratischen Katechismus aufgelistet sind. Zugleich dehnen sie die Bedeutung dieser Begriffe unendlich aus, so daß sie jeden begreifbaren Inhalt verlieren. Alle Gedanken und sprachlichen Ausdrücke der Sprecher bewegen sich im gleichen Kreis von Klischees, Slogans, Beschwörungen, Ideen und Argumenten. Alle Bürger des Landes sind in den Großen Entwurf mit einbezogen. Die meisten sind dabei nicht die Schöpfer von dem, was sie denken und sagen, aber sie identifizieren sich tief mit den Verfassern – oder sie finden im Zweifelsfall nicht die Kraft und genügend Gründe, um sich davon zu distanzieren.

Das *Grand Dessein* müsse um jeden Preis umgesetzt werden – sagen seine Befürworter – weil es Freiheit, Autonomie, Toleranz,

Pluralismus und alle anderen Versprechungen der liberalen Demokratie bringen werde. Deshalb müssen alle Barrieren, die es aufhalten könnten, abgerissen werden, auch im Interesse jener, die diese Barrieren errichten. Wenn Abtreibung Freiheit bedeutet, dann muß das Bewußtsein der Gegner verbessert werden, dann müssen Ärzte und Priester, die dagegen sind, gezwungen werden mitzumachen. Wenn gleichgeschlechtliche Ehen gleichbedeutend mit Freiheit sind, dann müssen die Gegner gezwungen werden, sie zu akzeptieren und die Irren, die Zweifel anmelden, müssen zum Schweigen gebracht werden. Wenn *political correctness* in der liberal-demokratischen Gesellschaft lebensnotwendig ist, dann ist ihre Erzwingung ein Akt der Emanzipation für alle.

Nicht nur, daß heute Sprechen und Schreiben immer größeren Einschränkungen unterliegen. Auch die Institutionen und Gemeinschaften, die traditionell dem „Zwang zur Freiheit" im Weg standen, sind demontiert worden. Wie in allen Utopien, so heißt es auch in der liberalen Demokratie, daß alle irrationalen Überbleibsel der Vergangenheit entfernt werden müssen.

In den vergangenen Jahrzehnten konnten wir beobachten, wie die Gesetzgebung, die im Zeichen der Freiheit und der liberalen Demokratie steht, ohne bedeutenden Widerstand zu einer beachtlichen Einschränkung der Freiheit geführt hat. Ein Beispiel dafür sind Quotenregelungen. Obwohl sie eine typische egalitäre Maßnahme und als solche inhärent freiheitsfeindlich sind, werden sie fast allgemein akzeptiert und gehören zu den politischen Grundsätzen der liberalen Demokratie. Es kann heute keine Führungskraft mehr ernannt oder gewählt werden, ob in der Politik, der Wirtschaft oder der Kultur, ohne daß eine Vorauswahl aufgrund von so irrelevanten Kriterien wie Geschlecht oder ethnische Zugehörigkeit getroffen wurde. Andere Fälle von extrem gefährlicher Gesetzgebung, die den „Zwang zur Freiheit" illustrieren, ist die Verfolgung des so genannten „hate speech" (Haßrede) oder der „häuslichen Gewalt". Diese Ausdrücke beinhalten immer mehr Verhaltensweisen und sprachliche Ausdrücke, die wiederum weitere drastische Einmischungen der Regierung und der Gerichte in das Familienleben, in die Entscheidungen der Medien und der Schulen nach sich ziehen. Als die ersten Gesetze dieser Art in europäischen Ländern verabschiedet wurden, waren die unmittelbaren Reaktionen keineswegs positiv. Viele Bürger und Institutionen äußerten die Ansicht – vor allem in den Vereinigten Staaten –, daß es sich hierbei um Maßnahmen handele wie sie von George Orwell in „1984“ beschrieben wurden: Die liberale Rhetorik werde benutzt, um Zwang zu verschleiern und die Menschen glauben zu lassen, Freiheit sei Sklaverei. Doch bald verstummte die Kritik und immer mehr Länder, darunter auch die Vereinigten Staaten, führten ähnliche Regulierungen ein, spontan getragen vom allgemeinen Willen und unterstützt von jenen, die für sich in Anspruch nahmen, den allgemeinen Willen zu repräsentieren. Die Bürger protestierten nicht, nachdem sie davon überzeugt wurden, daß sie Zeugen der Entstehung einer globalen Zivilisation der Freiheit seien.

Ein entsprechender Druck wurde auf die Bildungseinrichtungen ausgeübt, eine rigorose Gleichschaltung des Denkens und des Verhaltens war das Ergebnis – alles natürlich im Namen der Stärkung der Studentenschaft und der Lehrer. Die Konsequenz ist, daß der Handlungsspielraum von Lehrern ebenso eingeschränkt wurde wie der von Eltern, wobei alle denken, daß diese Veränderungen unvermeidlich seien und die Freiheit noch nie so groß gewesen sei wie heute. Die Macht ist zugunsten von Regierungsbeamten verschoben worden, die nun, um die Jugend zu stärken, darüber entscheiden, wie deren Geist – vom subversiven Einfluß von Lehrern und Eltern befreit – geformt werden soll. Weder die Lehrer noch die Eltern rebellierten, weil sie so zu Teilen des großen liberal-demokratischen Willens werden konnten. Zwang und spontane Zustimmung bilden so eine fast perfekte Symbiose. Und sollte sich irgendjemand dem doch noch entziehen wollen, wird er bald von der Regierung oder den Gerichten zur Ordnung gerufen. Das gleiche passiert an den Universitäten, was umso tragischer ist, als sie über Jahrhunderte der Hort des freien Geistes waren. Der gesamte Bildungsprozeß ist systematisch standardisiert worden, um ihn dem liberal-demokratischen Modell so weit wie möglich anzupassen. Gruppenrechte werden sorgfältig beachtet und das Prinzip der Gleichheit bekommt immer mehr Gewicht. Die Human- und Sozialwissenschaften beteiligen sich begeistert an den liberal-demokratischen Umbauarbeiten und werden dabei energisch von den Bildungsministerien und supranationalen Institutionen unterstützt. Der im politischen Bereich dominierende liberal-demokratische Jargon hat das akademische Leben erobert und es so zu einem Spiegelbild des öffentlichen Lebens gemacht.

Die Eroberung der Bildungsinstitutionen durch die liberale Demokratie hat zu erheblichen Einschränkungen der früheren Freiheit geführt und die akademische Tradition unterminiert. Freilich, in den postkommunistischen Ländern gab es nicht viel zu unterminieren, denn schon die kommunistischen Regimes hatten diese Traditionen sehr effektiv zerstört – mit nicht geringer Beteiligung der Akademiker selbst. Was von den Traditionen trotzdem übriggeblieben war, hat die neue Ordnung hinweggefegt. Die stetig wachsende Zahl der Rechte, die unaufhörlichen Gruppenforderungen, die immer größere Gleichheit und die Verfolgung jeder abweichenden Meinung trugen dazu bei, die letzten Spuren von akademischer Tradition auszulöschen. Die Universitäten ähneln nun immer mehr den Unternehmen auf der einen und den liberaldemokratischen politischen Strukturen auf der anderen Seite.

Besonders zu beklagen ist das Verschwinden des akademischen Exzentrikers, der über Jahrhunderte untrennbar mit der akademischen Tradition, der besonderen Atmosphäre der freien Forschung und den unnachahmlichen Beziehungen zwischen Lehrern und Studenten verbunden war. Es ist nicht nur die Allgegenwart der *political correctness*, die das Leben eines Dissidenten unerträglich macht. Die Universität wird so streng durch Prozeduren und Regeln bestimmt, daß jede Abweichung sofort ins Auge springt. Über das unkonventionelle Verhalten von früheren Professoren werden heute noch – wahre oder erfundene – Geschichten erzählt. Sollten sie sich wie durch ein Wunder plötzlich in der heutigen Universität wiederfinden, würde man sie sofort zur Unterwerfung zwingen oder sie als Störenfriede an den Pranger stellen.

Wie der „Zwang zur Freiheit" funktioniert ist in den supranationalen Institutionen, insbesondere in der Europäischen Union gut zu beobachten. Ihre Politik des Zwangs wird von der Logik der Integration angetrieben, so wie sie heute konzipiert ist. Die europäischen Institutionen sollen die europäische Gesellschaft repräsentieren, was zumindest theoretisch nachvollziehbar ist. Das Problem besteht darin, daß, während die europäischen Institutionen existieren, es die europäische Gesellschaft nicht gibt. Man erklärt uns, daß es sie einmal geben werde. Diese Annahme ist Teil des europäischen Bekenntnisses, aber stichhaltige Beweise dafür, das es so kommen wird, gibt es nicht. Wenn wir jedoch einmal annehmen, das die real existierenden europäischen Institutionen im Namen und im Interesse einer Gesellschaft agieren, die erst in der Zukunft entstehen wird, dann verleihen wir ihnen eine Macht, die alles übersteigt, was in einer normalen Gesellschaft möglich wäre. Die europäischen Institutionen ignorieren die Regeln, die in Nationalstaaten gelten. Deren Regierungen können diese Regeln nicht ignorieren, weil sie gegenüber realen Gesellschaften mit echten Identitäten und Loyalitäten verantwortlich sind. Die europäischen Institutionen dagegen mißachten diese Regeln aus der Überzeugung heraus, daß sie tun, was der europäischen Gesellschaft am meisten dient, auch wenn sie zuweilen von der Unvernunft des nationalen Partikularismus aufgehalten werden.

Die EU bildet sich also ein, der Vorreiter im Verhältnis zur Bevölkerung zu sein, der lange vor ihr realisiert, was Realität und Fiktion ist, und deshalb Ziele verfolgen kann, deren Richtigkeit die Öffentlichkeit erst in Zukunft erkennen wird. Eine populäre, aber an Dummheit kaum zu überbietende Weisheit der EU besagt, Integration sei wie Fahrradfahren: Wenn man aufhört in die Pedale zu treten, fällt man um. Es soll also zwei Gruppen in der EU geben: Eine, die das finale und für das ganze Projekt entscheidende Ziel kennt, und eine andere, die es nicht kennt, nicht versteht oder ablehnt und damit sich selbst und allen anderen schadet. Von dieser zweiten Gruppe gibt es Widerstand, der im Interesse aller gebrochen werden muß, aber irgendwann wird auch diese Gruppe ihren Eigensinn verlieren und die großen Vorteile der Integration erkennen.

Hier erkennen wir ein Muster, das uns aus der Theorie und Praxis des Kommunismus wohlbekannt ist. Auf der einen Seite steht die Partei, die das Endziel des Sozialismus kennt, versteht und sich damit vollkommen identifiziert. Auf der anderen Seite befinden sich die realen Menschen, die noch nicht richtig erkannt haben, was gut für sie ist. Deshalb müssen sie mit fester Hand zum Endziel geleitet werden, auch wenn sie Widerstand leisten sollten. Dieses Muster im Denken und Handeln auf europäischer Ebene zeigt, wie weit wir mit dem „Zwang zur Freiheit“ gekommen sind.

Ein Beispiel dafür ist der Zwang, mit dem der Lissabonner Vertrag allen EU-Mitgliedern aufgezwungen wurde, ohne eine Möglichkeit des Ausstiegs.

Es gibt keine Zeichen dafür, daß die EU mit diesen selbstzerstörerischen und demoralisierenden Handlungsweisen aufhören würde. Der EU-Geist (ja, er existiert) betrachtet jeden Widerspruch als einen blasphemischen Angriff auf die Grundidee der EU und seine noblen konstituierenden Prinzipien, nicht anders als damals im Kommunismus, wo jeder Widerspruch als ein unbegreiflicher Akt sträflichen Verrats galt. Die EU ist der Wächter aller Ideen der supranationalen liberalen Demokratie, zugleich zeigt sie alle Symptome, die diese kranken Ideen hervorbringen. Ihre Institutionen und Handlungen haben ein so hohes Maß an Dogmatisierung erreicht, daß jede Bewegung zur Wiederherstellung von Freiheit und Rationalität in einen schwerwiegenden Konflikt mit ihr geraten muß. In diesem Kampf wird sich die EU selbst zu der Rolle des *ancien régime* verurteilen. Es ist unvorstellbar, daß die EU, ausgestattet mit so viel regulatorischer Macht, plötzlich bereit sein sollte, sie abzugeben und einzusehen, daß die Zurückhaltung bei der Integration eher dem Frieden und der Kooperation dienen könnte als der „Zwang zur Freiheit". Eine europäische *Perestroika* würde die EU nicht überleben.

KAPITEL 3

Politik

1.

Sowohl der Kommunismus als auch die liberale Demokratie haben ein vergleichbar paradoxes Verhältnis zur Politik. Beide versprachen, die Rolle der Politik im Leben zu reduzieren, während sie tatsächlich eine Politisierung bis dahin unbekannten Ausmaßes bewirkten. Die berühmtesten Aussagen über Politik stammen aus der „Deutschen Ideologie" von Karl Marx und Friedrich Engels sowie aus Lenins „Staat und Revolution". Marx und Engels stellten sich vor, daß der von der Last der Politik befreite Mensch morgens jagen, mittags fischen und abends kritisieren kann, wie er Lust hat. Lenin sagte das Absterben des Staates voraus und seine Reduktion auf einfache administrative Funktionen. Der kommunistische Staat werde so einfach sein, daß selbst eine Köchin imstande sein würde, seine Aufgaben wahrzunehmen.

All diese Geschichten über die staatslose und entpolitisierte Gesellschaft wurden in der Sprache der kommunistischen Eschatologie vorgetragen, in der kommunistischen Realität jedoch sahen die Dinge ganz anders aus. Weder die machthungrigen Politiker noch die Bürger, die versuchten, sich im kommunistischen Staat zurechtzufinden, nahmen solche Erklärungen ernst. Der Staat starb nicht ab und es war unwahrscheinlich, daß er es je tun würde. Das Leben der Bürger war durchdrungen von Politik, und natürlich war die staatliche Verwaltung nicht auf das Niveau von Köchinnen vereinfacht. Die politiklose Welt existierte nicht, und es gab keine Zeichen dafür, daß sie je existieren würde. Was es gab, war die fast absolute Vorherrschaft der Kommunistischen Partei und folgerichtig das immer stärkere Eindringen der Politik auch in die kleinsten Nischen der sogenannten „entwickelten sozialistischen Gesellschaft".

In der Politik galt die Vorherrschaft der Partei oder vielmehr der Führer der Sowjetunion, des ultimativen Souveräns. Für die einfachen Menschen bedeutete Politik, daß sie immer wieder ihre felsenfeste Unterstützung für die Kommunistische Partei zum Ausdruck bringen mußten, indem sie an Paraden, Demonstrationen, Massenversammlungen und anderen organisierten Ausbrüchen politischer Begeisterung teilnehmen mußten. Neben dieser positiven Interpretation von Politik gab auch eine negative. Sie bedeutete, die Entscheidungen der Parteiorgane in Frage zu stellen, wie es die Gewerkschaftsbewegung Solidarność getan hatte. Diese Art der „Einmischung in die Politik" wurde verurteilt und oft direkt bestraft.

War der Kommunismus ohne Politik überhaupt denkbar? Zumindest die Idee des Klassenkampfes widerspricht dieser Annahme. Der Klassenkampf bestimmt der Marxschen Theorie nach die Größe und die Richtung der gesellschaftlichen Veränderungen. Die Idee war einfach und eingängig und hatte ein großes Potenzial in der praktischen Anwendung. Nach Marx und Engels bestand der grundsätzliche Klassenwiderspruch im Kapitalismus zwischen den Kapitalisten, die die Bourgeoisie vertraten, und dem Proletariat, den Vertretern der arbeitenden Klassen. Die Teilung der Gesellschaft in zwei Klassen hielten Kommunisten zu einer bestimmten Zeit für die genaue Beschreibung der kapitalistischen Welt. Doch diese Ära war bald vorbei, und der kommunistische Glaube wurde mit seiner ersten großen Herausforderung konfrontiert. Die ursprüngliche Theorie sagte einen immer weiter voranschreitenden Widerspruch zwischen den beiden einander gegenüberstehenden Klassen voraus. Geschehen war das genaue Gegenteil: der Widerspruch ebbte ab, bis er schlußendlich aufgehört hatte zu existieren.

Manche gaben daraufhin die Theorie auf, andere jedoch versuchten sie zu retten, indem sie postulierten, das Verschwinden des Grundwiderspruchs sei nur vorübergehend und langfristig ausgeschlossen. Denn so lange es soziale Ungerechtigkeit, Kapitalisten und Imperialisten gebe, gehe der Kampf weiter, auch wenn viele die Notwendigkeit nicht erkennen würden. Stalin behauptete, daß sich der Klassenkampf umso mehr verschärfe, je erfolgreicher der Aufbau der sozialistischen Gesellschaft voranschreite.

Auch wenn dieser Standpunkt später offiziell aufgegeben wurde, tauchte er immer wieder in weniger radikalen Versionen auf. Alle Krisen des kommunistischen Systems, Proteste, Aufstände, Aktivitäten von Dissidenten und alles, was die Weltrevolution und den Endsieg des Kommunismus verzögerte, war das Ergebnis der Aktivitäten von einheimischen und internationalen feindlichen Kräften in ihrem Krieg gegen die Kräfte des Fortschritts. Selbst heute noch, nach dem Zusammenbruch des sozialistischen Lagers, existiert die Brüderschaft der Marxisten fort. Ihre Anhänger haben nie aufgehört zu behaupten, daß der Klassenkampf in neuen Verkleidungen und mit neuen Waffen weiter fortdauere.

Das Versprechen der kommunistischen Glaubenslehre, es werde eine politikfreie Welt geben, war keine Narretei. Das paradoxe Konzept der sozialistischen Politik, das einerseits erklärt, daß alles Politik sei, andererseits aber eine politikfreie Welt verspricht, hat tiefe Wurzeln und illustriert sehr genau das Paradoxon des modernen Geistes. Der moderne Mensch glaubt daran, daß die Verwandlung von allem in Politik der höchste Ausdruck seiner Macht sei. Die Politisierung von allem ist eine Konsequenz dessen, daß alles, was passiert, von seinem Willen abhängt und daß erst sein Wille den Dingen eine Bedeutung und einen Wert zuweist. Das ist eines der vorherrschenden Postulate der europäischen Philosophie seit Anfang der Moderne. Das erstarkende Bewußtsein des Menschen über seine immer größere Macht über Leben, Gesellschaft, Wissen, Moral und alles andere ist gleichbedeutend mit der wachsenden Präsenz der Politik. Mehr Politik bedeutet mehr Einsatz dieser Macht.

Doch die ansteigende Welle der Politisierung hat den Traum von einer Welt ohne Politik nicht verschüttet, denn es könnte ja sein, daß das Verschwinden der Politik nicht so sehr ein Akt der bewußten Beseitigung, sondern vielmehr ein Ergebnis der Verwirklichung des eigentlichen Ziels von Politik sei. Das finale Absterben des Staates wäre so gesehen der letzte Triumph des menschlichen Strebens nach Macht. Die Erlangung der absoluten Kontrolle über alles, was im Bezug zum Menschen steht, ist der Zustand, in dem der Kampf um Macht bedeutungslos wird und jede politische Aktivität ihr Ende findet. Hat der Mensch erst dieses Stadium erreicht, kann er endlich tun, wonach er sich seiner wahren Natur nach immer schon gesehnt hat: zu gedeihen, zu erschaffen und seinen Träumen zu folgen.

Dieses Paradoxon bringt allerdings ein schwieriges Problem mit sich. Wenn der Mensch nach einer Vollendung verlangt, indem er seine Entscheidungsmacht ausdehnt, dann müßte man doch annehmen, daß die Sehnsucht nach Macht tief in seiner Natur verankert sei. Wieso sollten wir dann erwarten, daß diese Sehnsucht eines fernen Tages in einem zukünftigen System verschwinden wird, das geschaffen wurde, um die uneingeschränkte Verwirklichung aller Bestrebungen und den freien Ausdruck der menschlichen Natur zu erlauben? Warum sollte ein Revolutionär, der den Klassenkampf geführt, gegen Ausbeutung gekämpft und überall Konflikte entdeckt hat, sich plötzlich in einen Jäger, Fischer oder Literaturkritiker verwandeln, der – uninteressiert an der Verteilung der Macht – diese einer Köchin überläßt?

2.

Der oben dargestellte Widerspruch ist noch viel tiefer in der liberalen Demokratie, die ähnlich wie der Kommunismus einen großen Anteil an der Politisierung der modernen Gesellschaft hatte, gleichzeitig aber lautstark verkündete, die Menschheit in die Richtung einer politikfreien Welt zu führen.

Liberalismus und Demokratie hatten eine jeweils verschiedene Herangehensweise an die Frage der Politik. Über einen langen Zeitraum war der Liberalismus eine Theorie, die die menschlichen Aktivitäten im Wesentlichen als unpolitisch, die Individuen als private Personen und nicht als Bürger beschrieb. Das wichtigste Beispiel für diese Ansicht ist John Locke und seine Theorie des Eigentums und der Arbeit. Seiner Theorie nach ist der Staat als Ergebnis eines freien Vertrags entstanden und seine Hauptaufgabe ist der Schutz des Privateigentums, welches durch die Arbeit der Eigentümer vermehrt wird. Im Umkehrschluß stärkt dies ihre Beziehung zum Staat, was wiederum den Prozeß des weiteren Erwerbs von Eigentum fördert.

Zu den Denkern, die den Bürger nur noch als Privatmann gesehen haben, gehört Benjamin Constant. In seinem berühmten Vortrag über den Unterschied zwischen der Freiheit in der Antike und in der Moderne stellte er fest, daß die Teilnahme am öffentlichen Leben (was zu den Freiheitsrechten der Antike gehörte) keine Wichtigkeit mehr im modernen Leben habe. Sie sei ersetzt worden durch die individuelle Freiheit, private Ziele zu verfolgen. Constant empfahl – auch wenn er später seine Position etwas modifizierte –, solche Vertreter in die politischen Institutionen zu wählen, die die Freiheit sicherstellen, damit die Bürger sich ihren privaten Angelegenheiten widmen können. Politik und der Staat wären dann in den Händen einer kleinen Dienstleistergruppe, kontrolliert und immer wieder ausgetauscht durch Wahlen, während der große Rest so wenig mit Politik zu tun hat, wie nur möglich. Sie behalten ihren Seelenfrieden, widmen sich ihren Geschäften, steigern ihren Wohlstand und ihren Besitz, genießen das Familienleben und folgen persönlichen Interessen und Leidenschaften.

Doch die Hypothese, daß der liberale Mensch unpolitisch sei, ist falsch und traf niemals in der Geschichte zu. Mit dem Raumgewinn des Liberalismus zogen sich die Menschen nicht aus der Politik zurück und schafften sie nicht ab. Im Gegenteil, sie statteten sie mit neuen Vorrechten aus, die sie vorher nie hatte. Das bedeutet nicht, daß Locke und Constant falsch gelegen hätten, als sie die moderne Gesellschaft analysierten und feststellten, daß die privaten Angelegenheiten an Bedeutung gewinnen würden. Es war vielmehr so, daß diese privaten Angelegenheiten alsbald in den Mittelpunkt des politischen Interesses rückten. Das Ergebnis war keineswegs die Entpolitisierung. Egal welchen privaten Zielen sie auch folgte, die Mehrheit der Menschen gab ihre politischen Leidenschaften nicht auf, und der inhärent politische Charakter der modernen Gesellschaft blieb weiter bestehen.

Der Liberalismus ist in erster Linie eine Lehre von der Macht: Er zielt darauf, die Macht anderer Geistesrichtungen einzudämmen und sich selbst enorme Vorrechte zu verleihen. In gewissem Sinne ist der Liberalismus eine Supertheorie der Gesellschaft, nach eigener Definition hochrangiger als alle anderen. Sein Ziel ist, einen allgemeinen Rahmen zu schaffen, innerhalb dessen Vertreter aller anderen Richtungen kooperieren können. Dieses politische Vorrecht werden Liberale niemals aufgeben oder mit einer anderen Kraft teilen wollen.

Woher kommt diese Hybris und der Glaube, daß der Liberalismus die Hauptrolle bei der Organisation der Gesellschaft spielen könnte, ja sogar ihre einzige organisierende Kraft sein könnte? Bis von kurzem behaupteten die Liberalen – gewiß in gutem Glauben –, daß ihre Lehre durchlässig sei, schließlich wolle sie ja keinen aus der großen Gesellschaft ausschließen, sondern, im Gegenteil, sie wollten, daß alle dazugehören. Dieses noble Ziel hat allerdings eine andere Seite, die von Liberalen, die den Anspruch erheben, die Durchlässigkeit zu befürworten, meistens ignoriert wird. Nicht nur, daß sie sich über alle anderen stellen, sind sie nie zufrieden mit der Macht, die sie haben und fordern immer mehr davon für sich. Sie wollen nicht nur die Mechanismen der großen Gesellschaft kontrollieren, sondern auch die ihrer Teile, nicht nur das große Ganze, sondern auch das Spezifische, nicht nur die Aktionen sondern auch die Gedanken der Menschen. Die ursprüngliche Botschaft, daß man nur einen allgemeinen Rahmen für die Gesellschaft schaffen will, und innerhalb dessen könne jeder tun und lassen, was er will, verwandelt sich alsbald in eine viel detailliertere Botschaft. Dann heißt es: Wir schaffen einen Rahmen für die Bildung, die Familie, das kommunale Leben und so weiter, und innerhalb dessen kann wieder jeder machen, was er will.

Nur noch wenige Liberale erheben heute den Anspruch, für Durchlässigkeit zu sein. Die meisten unter ihnen vertreten eine Weltsicht, von der sie glauben, sie sei am besten für die moderne Zeit geeignet. Sie halten sie für allen anderen Weltsichten kompromißlos überlegen. Sie verstecken sich schon lange nicht mehr hinter der Behauptung, sie wollten nur einen allgemeinen Rahmen schaffen, stattdessen kämpfen sie um die Vorherrschaft über Institutionen und das Bewußtsein der Menschen.

Die Parteilichkeit des Liberalismus überrascht nicht. Als Folge ihrer dualistischen Weltanschauung hatte er immer schon ein starkes Gespür für den Feind. Wichtiger war der Kampf gegen illiberale Feinde als die Diskussionen mit ihnen. Zwar sind Begriffe wie Dialog und Pluralismus unter Liberalen sehr beliebt, aber sie dienen nur dazu, etwas ganz anderes zu verschleiern. Der Liberalismus ist hemmungslos aggressiv dort, wo es gilt, Vertreter und Ideen des Illiberalismus zu bekämpfen. Das ordnende Prinzip des Liberalismus – und aller anderen Philosophien, deren Ziel es ist, die Welt zu verändern – ist deshalb nicht Pluralismus, sondern Dualismus. Der Philosoph Isaiah Berlin drückte den Geist des Liberalismus sehr genau aus, als er sagte, die Geschichte des menschlichen Denkens könne als ein Konflikt zwischen Pluralismus und Monismus interpretiert werden, während Liberalismus für Pluralismus stehe, und alles andere für den Monismus.

Wer immer also für Pluralismus ist, muß auch den Liberalismus bevorzugen, das heißt, wenn man die Verschiedenheit der sozialen Ordnungen und die Diversität der menschlichen Erfahrungen anerkennt, kann man sich nur für eine einzige politische Philosophie entscheiden. In Anbetracht dessen, daß es im Laufe der Geschichte viele grundlegend nicht-liberale philosophische Richtungen gab, kann man diese Schlußfolgerung nur mit Henry Fords berühmten Erklärung über das T-Modell[7] vergleichen: Um den Pluralismus zu verteidigen, dürfen sich die Menschen für jede beliebige Philosophie zu entscheiden, vorausgesetzt, sie wählen den Liberalismus.

Isaiah Berlin, der ein außerordentlich gebildeter Mensch war, wußte sehr genau – und gab dies auch offen zu –, daß die wichtigsten und wertvollsten Ideen der Philosophie monistischer Natur waren. Die Konsequenz davon ist, daß praktisch alles intellektuell Faszinierende in der westlichen Philosophie als monistisch, also nicht-liberal eingestuft werden muß. Wenn wir also Berlins Klassifizierung ernst nehmen und alle monistischen Theorien der Geschichte des Denkens verwerfen, bleiben nur noch sehr wenige Ideen übrig. Diese Art Pluralismus würde zu einer Entleerung der westlichen Philosophie und zur Degradierung des menschlichen Geistes führen.

Es waren die Kommunisten, die die dualistische Perspektive zum ersten Mal nutzten, um ihre Feinde zu bekämpfen, und sie waren damit sehr erfolgreich. Sie gewöhnten uns an eine bestimmte Praxis des philosophischen Polemik: Sie entwerteten die Argumente ihrer Gegner mit Berufung auf deren politische Konsequenzen. Die gegnerischen Ansichten mußten nicht nur deshalb zurückgewiesen werden, weil sie keine Berechtigung hatten, son-

---

7 „Ich werden den Kunden jede Farbe liefern, die sie wollen, so lange sie schwarz ist."

dern wegen ihrer Folgen für den Aufbau des Kommunismus. Richtig war, was die Sache beförderte, abgelehnt werden mußte alles, was den Aufbau behinderte. Das war die einzige Methode der Leninschen Argumentation: Jede Tatsache, Idee, Buch oder Person wurde unter einem einzigen Gesichtspunkt betrachtet, nämlich dem, ob sie dem russischen Kommunismus dienlich waren oder nicht.

Die liberale Praxis ist der Leninschen nicht unähnlich. Sobald Liberale mit einer Meinung oder Idee konfrontiert werden, ist die erste und wichtigste Frage für sie, ob diese eine Gefahr bedeuten, das heißt, ob sie den Annahmen des Liberalismus widersprechen. Am häufigsten wird das Dammbruchargument angeführt: Wenn eine bestimmte Idee früher oder später zu einer schädlichen Praxis führen könnte, muß sie als politisch vergiftet verworfen werden. Da die meisten nicht-liberalen Theorien Elemente von Einheit (was Liberale als Monismus bezeichnen würden) oder von Hierarchie (Vorherrschaft, nach liberaler Lesart) enthalten, können sie als direkte oder indirekte Ermutigung zu irgendeiner Form von politischem Autoritarismus interpretiert und als politisch suspekt eingestuft werden. Diese hanebüchene Argumentation dient dazu, Gegner zu entwaffnen, indem man sie beschuldigt, mit ihren scheinbar harmlosen Theorien die Schleusen für Totalitarismus, Faschismus, Inquisition, Folter, Hitler und andere Schrecken zu öffnen.

Es ist erstaunlich, daß diese intolerante und doktrinäre Seite des Liberalismus übersehen wurde, und Liberale so erfolgreich den Geist der Menschen erobern konnten. In den vergangenen Jahrzehnten ist es Liberalen und liberalen Demokraten gelungen, fast alle alternativen politischen Vorstellungen und nicht-liberalen Ideen zu marginalisieren und ihre Vertreter mundtot zu machen. Der Liberalismus hat ein geistiges Monopol erlangt, das sozialistische und kommunistische Theoretiker vor Neid erblassen lassen würde.

3.

Die demokratische Auffassung von Politik war anders. Entpolitisierung wurde und konnte nicht als Zielsetzung gelten. Die Demokratie ist unter allen politischen Ordnungen die am meisten politische. Nirgendwo sonst übernehmen so viele Menschen politische Verantwortlichkeiten und kein anderes System hängt so sehr davon ab, daß dies auch geschieht. Sobald die Zahl der engagierten Bürger abnimmt, sieht man die Demokratie in der Krise und die Gefahr des Legitimationsverlustes. Wenn die Demokratie nur noch durch die Aktivitäten einer Minderheit aufrechterhalten wird, hört sie theoretisch auf, demokratisch zu sein und der ganze politische Mechanismus bricht zusammen.

Die demokratische Politisierung hat die Besonderheit, daß sie vom Geist der Parteilichkeit angefeuert wird. Die Grundlage moderner Demokratien ist die Annahme, daß die treibende Kraft der Politik die Entscheidung der Gesellschaft ist, aufgrund welchen Programms das Land regiert werden soll. Diese Programme werden durch verschiedene politische Parteien der Öffentlichkeit präsentiert, die dann einer Partei oder einer Gruppe von Parteien das Mandat erteilt, ihr Programm zu verwirklichen. Wie Joseph Schumpeter richtig festgestellt hat: Demokratie ist ein Wettbewerb, den die Öffentlichkeit periodisch veranstaltet, um ihre Vertreter zu wählen. Demokratische Gesellschaften sind daher notwendiger Weise politisiert, weil sie bei den Wahlen automatisch in den Kampf um die Macht verwickelt werden. Sich verwickeln zu lassen, ist bürgerliche Pflicht, und der Preis für die Ablehnung dieser Pflicht ist die Zerstörung der Demokratie.

Der politische Mechanismus scheint fast perfekt. Seine Vorteile sind vielfältig: Er bewahrt die Bürger vor unkontrollierter Macht und bietet das Recht zur Teilnahme am politischen Geschehen. Er sichert die sanfte Übergabe der Macht von einer politischen Gruppe zur anderen und bietet eine Vielzahl konkurrierender Programme, unter denen die Bürger wählen können. Er hält die Verlierer innerhalb des Systems, so daß sie hoffen können, das nächste Mal zu gewinnen. In Wirklichkeit weichen die demokratischen Systeme in vielerlei Hinsicht stark von diesem Modell ab. Aber es kann nicht geleugnet werden, daß dieser Mechanismus sehr effizient bei einem Machtwechsel nach Wahlen ist.

Das Aufkommen der liberalen Demokratie stärkte jedoch vor allem die schlechten Seiten des Systems. Alsbald wurde das Spektrum der angebotenen Parteiprogramme, unter denen die Bürger wählen konnten, eingeschränkt. Freilich, die Idee hat nie der Faktenlage entsprochen, daß die Demokratie ein System ist, in dem die Bürger wie die Kunden eines Kaufhauses nach rationalen Abwägungen aus einem breiten Angebot, das der Vielfalt der politischen Präferenzen entspricht, wählen können. Eine Gesellschaft kann groß sein, muß aber nicht zugleich vielfältig sein. Schon in der Athener Demokratie wurde festgestellt, daß die lauten Konflikte der zankenden politischen Gruppen den Herdentrieb des Demos nicht abgeschwächt haben. Wie vielfältig die Gesellschaft vorher auch war, demokratische Verfahren lenkten sie in Richtung der Gleichförmigkeit. Tocqueville, Mill und eine Reihe anderer Denker stellten das Gleiche bei den modernen repräsentativen Demokratien fest.

Dieses Phänomen sollte in Anbetracht der Natur des demokratischen Menschen nicht überraschen: Er ist ein eher ideenloses Wesen, das die Welt um ihn herum nicht sonderlich interessiert. Eingeschlossen in seine eigenen Vorurteile ist er mit einer Neigung zur Verstellung ausgestattet. In Demokratien bestand deshalb immer die Gefahr der Uniformität. Der gleiche Mechanismus, der die Gleichförmigkeit des ästhetischen Geschmacks oder die unwiderstehlichen Wellen der Mode bewirkt, ist auch im Bereich der politischen Ansichten aktiv. Zwar gibt es eine Gegenwirkung durch die politischen Parteien, die ja dazu dienen, politische Gegensätze zu legitimieren. Deshalb wird die repräsentative Demokratie der direkten Demokratie gegenüber als überlegen erachtet, da sie Gruppen ermöglicht, ihre politische Identität gegenüber anderen zu bewahren.

Seit der Transformation der Demokratie in liberale Demokratien ist jedoch das Spektrum dessen, was politisch akzeptabel ist, sichtbar eingeschränkt worden. Die liberale Demokratie schuf eine eigene Orthodoxie, und so verlor sie immer mehr ihre Fähigkeit, ein Forum für die Äußerung von verschiedenen Meinungen und die Planung von verschiedenen Handlungen zu sein. Sie wurde vielmehr zu einem politischen Mechanismus zur Auswahl von Menschen, Organisationen und Ideen, die dieser Orthodoxie folgen. Besonders gut kann man diese Entwicklung in Europa beobachten, wo in den letzten Jahrzehnten eine deutliche ideologische Annäherung zwischen den rechten und linken Parteien stattgefunden hat. So entstand der sogenannte „politische Mainstream“, zu dem Sozialisten, Christdemokraten, Grüne, Sozialdemokraten und Liberale ebenso dazugehören wie die Konservativen. Der Mainstream, der heute Europa regiert, ist viel mehr links als rechts, denn während die Linke manche ihrer Positionen etwas abgemildert hat, machte die Rechte einen großen Schritt nach links.

Diese Entwicklung hat schon vor langer Zeit begonnen, aber der entscheidende Anstoß kam von den Ereignissen, die in den 60er Jahren über die ganze westliche Welt hinweggefegt sind. Die damals ausgebrochene kraftvolle politische Revolution brachte die Linke in eine dominante Position. Die Sprache dieser Revolution war eine Mischung von anarchistischen Parolen, der marxistischen Rhetorik des Klassenkampfes und den liberalen Begriffen von Rechten, Emanzipation und Antidiskriminierung. Kapitalismus und Staat waren die Hauptgegner, aber auch Universitäten, Schulen, Familien, Gesetzgebung und Sitten wurden heftig attakkiert. Die Revolution brach unerwartet aus, waren doch die westlichen Gesellschaften auf der Höhe des Wohlstands und der demokratischen Stabilität. Zugegeben, es gab Faktoren, die das rosige Bild und die Stimmung der Öffentlichkeit trübten: der stürmische Prozeß der Entkolonialisierung der europäischen Mächte, Amerikas Verwicklung im Vietnamkrieg und die politische Bewußtwerdung der schwarzen Bevölkerung.

Die Revolution der 60er Jahre wurde ein Erfolg, weil das meiste von dem, was die Revolutionäre proklamierten auf die weitgehende Sympathie der Bevölkerungen traf. Viele wiesen darauf hin (und hatten damit Recht), daß der Westen schon seit langer Zeit ein Treibhaus linker Bewegungen war, die dann in den Sechzigern schließlich die Welt erschütterten. Von den Ideen, die die moderne Identität des Westens, seine Vorstellungen von der Zukunft prägten und den Treibstoff für die Revolutionen lieferten, stand an erster Stelle die Idee der Gleichheit. Wie François Furet richtig schrieb: Die Gleichheit gab dem Westen den entscheidenden moralischen Impuls und bestimmte die Richtung, in die die Kämpfer von ihrer Phantasie im Kampf um eine bessere Welt geleitet wurden. Der überragende Schwerpunkt der Gleichheit stärkte die Linke im Gegensatz zu den Rechten.

Es gab nicht nur eine extreme Verschiebung der Politik nach links. Die Verschiebung wurde von Intellektuellen und Politikern ohne großen Widerstand gebilligt und als die Richtung des politischen Fortschritts definiert. Es war dieser breite politische Konsens der sechziger Jahre, der einen so starken Einfluß auf die sozialen und institutionellen Veränderungen in Europa ausübte. Obwohl der Mechanismus des Mehrparteiensystems die Parteien weiterhin veranlaßte, ihre eigene ausgeprägte Identität gegenüber ihren Gegnern zu betonen, nahm ihre Verschiedenheit sichtbar ab. Seither kann man von „Mainstream"-Politik und „Mainstream"-Parteien sprechen. Das Attribut bezeichnet heute einen parteiübergreifenden Konsens, den so gut wie alle politischen Kräfte teilen. Die Mainstream-Politik duldet keine Nebenflüsse und leugnet deren politische Legitimität. Wer sich außerhalb des Mainstreams begibt, wird entweder als Sonderling, der nicht ernst zu nehmen ist, oder als Faschist behandelt, der eliminiert werden muß.

Diese historisch bedeutende Veränderung wurde nicht ausreichend beachtet und untersucht. Das liberal-demokratische System, bis dahin eine lockere prozedurale Anordnung mit zwei wesentlichen Elementen, dem Mehrparteiensystem und dem allgemeinen Wahlrecht, wurde nun in eine versteinerte Sammlung von Ideen und politischen Zielsetzungen verwandelt. Darüber hinaus erhielten diese Ideen und Zielsetzungen infolge der 68er Revolutionen eine intensive radikale Einfärbung, was zu einer grundsätzlichen Transformation der westlichen Gesellschaften führte. Die Revolution wurde unter dem Banner der Befreiung diverser unterdrückter Gruppen geführt, von denen einige tatsächlich befreit werden wollten, andere wiederum wußten bis dahin gar nicht, daß sie der Befreiung bedurften. Sobald sich die liberaldemokratischen Institutionen diese Ideen und Zielsetzungen zu eigen gemacht hatten und sich zu der Aufgabe bekannten, den Befreiungsprozeß fortzusetzen, indem sie die angemessenen gesetzlichen Maßnahmen ergriffen und neue soziale Normen einführten, traten sie eine immer weiter um sich greifende Politisierung los, die seither nicht mehr aufgehalten werden konnte, ohne die Mainstream-Basisannahmen zu verwerfen. Sobald jemand gewagt hatte anzuzweifeln, daß es die Aufgabe der liberalen Demokratie sei, für die Emanzipation immer neuer Gruppen zu arbeiten, lief er sofort Gefahr, beschuldigt zu werden, Feind der liberalen Demokratie schlechthin zu sein.

Die Revolutionen, die die westliche Welt in den sechziger Jahren erschüttert haben, fanden nicht etwa in den Ländern statt, die unter autoritärer Herrschaft litten, sondern in Ländern mit gefestigten Demokratien. Und doch waren die Rebellen so unglücklich mit dieser Demokratie, daß sie sie empört zurückwiesen. Damit forderten sie das existierende Parteiensystem heraus, das – wie sie behaupteten – das politische Spektrum nur oberflächlich abbildete und dazu diente, den Status quo zu bewahren. Deshalb mußte der Status quo zerbrochen werden, aber nicht von innerhalb des Systems, sondern von außen, durch „action directe". Das Parteiensystem mußte sich dem Willen des Volkes beugen, oder vielmehr der Bewegung, die von sich behauptete, den Willen des Volkes zu vertreten.

Die Revolution war kein Sieg der klassischen Demokratie, sondern eine Explosion wütender Ungeduld gegenüber der Disziplin des demokratischen Systems. Es war nicht länger akzeptabel, gelassen auf die Ergebnisse der demokratischen Prozeduren zu warten. Es mußte gekämpft werden für eine immer demokratischere und liberalere Demokratie, die ein für allemal von allen konservativen Lasten befreit würde. Und sollte sie diese Erwartungen nicht erfüllen, durfte das System manipuliert werden, um das hervorzubringen, was jeder liberale Demokrat als eine nicht anzweifelbare Wohltat ansah. Innerhalb kürzester Zeit änderten sich die Auffassungen, was demokratische Politik ist. Modernisierung, Fortschritt, Pluralismus und Toleranz wurden zu den heiligen Zielsetzungen, egal wofür sich die Wähler in Wahlen entschieden hatten.

4.

Die Krönung dieser Veränderungen in der Auffassung von Demokratie war die Europäische Union, die nach dem Vertrag von Maastricht eine neue politische Rolle zu spielen begann, die alles übertraf, was bis dahin in den Nationalstaaten geschah. Die frühen Formen der europäischen Integration waren das Werk von

Politikern, die den letzten Krieg noch erlebt und seine Schrecken in Erinnerung hatten. Ihr Integrationsplan war eine Reaktion auf Erfahrungen von der bis dahin unbekannten Verderbtheit der menschlichen Natur und der unkontrollierten Explosion des politischen Wahnsinns während des Krieges. Es waren in jeder Hinsicht bemerkenswerte Persönlichkeiten, durch ihre Tugenden und Bildung waren sie tief in der im besten Sinne genommenen westlichen Kultur verwurzelt, insbesondere in deren christlicher und klassischer Tradition. Was sie über Europa schrieben, war zwar manchmal naiv und übertrieben idealistisch, trotzdem beeindrukken ihre Schriften heute noch durch ihre politische Ernsthaftigkeit und die Tiefe der Gedanken. Gegenwärtig wird man kaum öffentliche Persönlichkeiten von ähnlichem intellektuellen und spirituellem Gewicht finden. Vergleicht man sie mit dem jetzigen Führungspersonal der EU, hat man den Eindruck, daß sie einer anderen, längst vergangenen Welt angehört haben.

Die Erinnerung an den Krieg, die die Idee der Integration entstehen ließ, verblaßte mit der Zeit. Doch das Vergehen der Zeit war nicht der einzige, nicht einmal der entscheidende Faktor. Kaum war der Krieg vorbei, begann der Aufruhr der Entkolonialisierung, was das Bewußtsein der Bevölkerungen neu ausrichtete. Darauf folgten die Revolutionen der 60er Jahre. Für die Mehrheit der heutigen Europäer ist der 2. Weltkrieg ein abgeschlossenes Kapitel der Geschichte, er gehört für sie der Vergangenheit an, ohne Verbindung zur Gegenwart. Die Revolutionen der 60er Jahre dagegen sind eine immer noch lebendige Erfahrung, nicht nur, weil sich die alten Männer gerne an ihre rebellische Jugend erinnern, sondern auch weil dieses Ereignis Teil einer sozialen Mythologie geworden ist, die von der jüngeren Generation gierig aufgesogen wird.

Die 68er-Generation bemächtigte sich alsbald der Europäischen Union. Der Unterschied zwischen dem neuen Führungspersonal und den Gründungsvätern könnte größer nicht sein. Die Gründer waren auf der Suche nach dem ewigen Frieden. In ihren sentimentalen Momenten sprachen sie voller Wärme von der europäischen Bruderschaft der Nationen und erinnerten dabei an die früheren Visionäre der geistigen Einheit Europas. Ihre Nachfolger, die die Integration für sich usurpierten, die Union von Maastricht schufen und sie seitdem regieren, wollen einen föderalen Superstaat, einen europäischen Demos und den neuen europäischen Menschen erschaffen. Arrogant und selbstbewußt, haben sie keinen Respekt vor dem Erbe, das sie nicht kennen und von dem sie nichts hören wollen. Sie sind Bürokraten und Apparatschiks, keine Visionäre und Staatsmänner. Sie sind nicht von der europäischen Kultur geformt, von der sie wenig Ahnung haben, und was sie davon kennen, mögen sie nicht.

Die Europäische Union widerspiegelt das System und den Geist der liberalen Demokratie in ihrer am meisten entarteten Form. Wenn Wahlen und die in sie eingebaute Möglichkeit, die Regierung und ihr Programm auszutauschen, die größte Stärke der Demokratie sind, so hat die EU alles getan, um diese Möglichkeit auf ein Minimum zu reduzieren. Es existieren keine klaren Mechanismen der Machtübergabe, und es gibt keinen institutionellen Weg, wie Wähler bestimmen könnten, in welche Richtung sich die EU entwickeln sollte. Das EU-Parlament bestimmt nicht die Regierung und hat sehr wenig Macht, und es ist die einzige parlamentarische Körperschaft in der Welt – von den kommunistischen und autoritären abgesehen – in der es kaum eine Opposition gibt. Egal, wer die Wahlen gewinnt, die wichtigen Entscheidungen trifft das gleiche Machtkartell, und so wird die gleiche Politik über Jahre hinweg fortgesetzt. Die europäische Regierung, oder das, was einer Regierung entspricht, die Europäische Kommission, ist nicht aufgrund der Entscheidung der Wähler entstanden, im Gegenteil, sie ist vom Willen der Wähler völlig unabhängig. Die wichtigsten Funktionen in der EU nehmen Leute wahr, die nicht durch die machtlosen Wähler bestimmt wurden und von ihnen nicht abgewählt werden können.

Wie konnte in einer Zeit der dreisten und allgegenwärtigen demokratischen Rhetorik eine so durch und durch undemokratische Institution erschaffen werden? Die EU wurde nicht bewußt als antidemokratisches System, als Gegengewicht zu den Schwächen der Demokratie konzipiert, sondern als hyperdemokratisches, hyperliberales Projekt. Spätestens seit Maastricht jedoch ist die Macht in den Händen von Politikern und Bürokraten, die unabhängig von ihrer Parteienzugehörigkeit sich für liberale Demokraten halten und es als ihre Aufgabe ansehen, ganz Europa, ja die ganze Welt in eine liberale Demokratie zu verwandeln.

Unter diesen Umständen ist es nur konsequent, daß diese Politiker keinen Widerspruch darin sehen, die liberale Demokratie anzupreisen und gleichzeitig keine Abweichung vom orthodoxen Mainstream zu dulden. Sie bilden sich ein, die Verkörperung, Quintessenz und Garantie der liberal-demokratischen Ordnung zu sein, und so ist es für sie auch selbstverständlich, daß all jene, die anders denken und ihre Autorität in Frage stellen, Feinde der Ordnung sind und bekämpft werden müssen. Auch sind sie davon überzeugt, daß das Europäische Parlament, das seit Jahren vom gleichen Kartell beherrscht und weiter beherrscht werden wird, eine viel vollkommenere Konstruktion ist als all die nationalen Parlamente, in denen es tatsächlich noch eine Opposition gibt, manchmal sogar außerhalb des Mainstreams, die bei den nächsten Wahlen sogar die Mehrheit gewinnen, die Regierung stellen und die Richtung der Politik – mehr oder minder – ändern könnte. Eine Richtungsänderung der Politik gilt aber in der EU als ein Desaster ungeheuren Ausmaßes.

Für diese Politiker ist es kein Problem, daß die Richtung der europäischen Politik von Menschen bestimmt wird, die kein Mandat dafür besitzen, weil sie von der Elite des Mainstreams erwählt und gesalbt wurden. Europäische Politiker sind Opfer der gleichen Sebstmystifikation geworden, wie vor ihnen schon andere Gruppen, die sich mit den Ideen gleichsetzten, die ihnen zugeschrieben wurden. Es motiviert sie der starke Glaube, daß sie ein System repräsentieren, von dem im allgemeinen angenommen wird, es respektiere Diversität, freie Wahl und Pluralismus. Das erlaubt ihnen zu glauben, daß ihre Herrschaft, die nur eine geringfügige Verbindung mit den Präferenzen der Wähler hat, auch die Herrschaft eines Systems der Diversität, der freien Wahl und des Pluralismus bedeutet. Warum soll man so eine gute Sache Risiken aussetzen? Warum sich übermäßig auf das Urteil der Wähler verlassen? Referenden – eine traditionelle Lösung der direkten Demokratie, zwar mit ernsthaften Fehlern behaftet, aber manchmal trotzdem notwendig – werden deshalb seit einiger Zeit durch den EU-Mainstream nicht mehr respektiert.

Gut illustriert wird diese Politik durch die erzwungene Ratifikation des Lissabonner Vertrags ohne darüber Referenden abzuhalten und durch die perfiden Spielchen, die mit dem irischen Referendum veranstaltet wurden. Der Assoziierungsvertrag mit der Ukraine wurde „vorläufig" in Kraft gesetzt, obwohl die Niederländer ihn in einer Volksabstimmung ablehnten. Auf der anderen Seite schießt die EU auf unliebsame Regierungen, wenn sie eine neue Verfassung verabschieden, ohne darüber eine Volksabstimmung zu veranstalten. Die neue ungarische Verfassung war ein Skandal, während es in Ordnung war, daß sich die EU eine Verfassung gab, ohne die Bürger überhaupt konsultiert zu haben.

Selbst Wahlen – eine zweifellos demokratische Einrichtung – werden nicht immer für wünschenswert erachtet. Es hatte Präzedenzcharakter, als Regierungen in zwei EU-Mitgliedsländern, in Griechenland und Italien, ohne Wahlen auf Druck der EU ausgetauscht wurden. Besondere Umstände, nämlich die Finanzkrise, mußten dafür herhalten, um solche Schritte zu legitimieren. Es ist jedoch Tatsache, daß hier nicht einfach eine Regel oder ein Brauch außer Acht gelassen wurde, sondern das heiligste der Prinzipien, mit dem die Demokratie steht und fällt. Es kann auch vorkommen, daß in einem Land Wahlen nach allen Regeln der Kunst abgehalten werden, aber die Ergebnisse nicht den Erwartungen des Mainstreams entsprechen. Dann verliert diese Regierung in den Augen der EU ihre Glaubwürdigkeit und wird diskreditiert. Ein Beispiel dafür ist das Verhältnis der EU zur Regierung der Partei Recht und Gerechtigkeit (PiS) in Polen und zur Fidesz-Regierung in Ungarn. Gleich nach den beiden Wahlsiegen wurden feindselige Kampagnen gegen die beiden Regierungen begonnen.

Es gibt mehrere Möglichkeiten, das politische System der EU zu definieren. Man kann es als ein sonderbares Beispiel der Mehrheitsdemokratie sehen, oder, um es weniger neutral zu formulieren, als eine Tyrannei der Mehrheit. Davon zeugt allein schon die Sprache, die europäische Politiker benutzen. Wenn ihnen vorgehalten wird, ihre hochmütige Mißachtung jener, die sich außerhalb des Mainstreams befinden, widerspreche den elementarsten Erfordernissen der von ihnen gerühmten liberalen Demokratie, ignorieren sie diesen Vorwurf als bedeutungslos. Die Minderheit kann sagen, was sie will, die Mehrheit wird ihren Weg gehen, ohne die Minderheit einer Antwort zu würdigen. Oder wenn sie ausnahmsweise antworten, würde diese Antwort lauten: „Wir haben hier eine Demokratie. Die Mehrheit regiert." Freilich, die Antwort muß – um den Wortschatz der Kommunisten zu gebrauchen – dialektisch interpretiert werden. Es gibt akzeptable Mehrheiten wie das Kartell, das die EU regiert, und inakzeptable, wie die Wählerschaft der nationalkonservativen Partei Fidesz in Ungarn. Welche der Mehrheiten konkret akzeptabel sind, bestimmt der Mainstream.

Aber die EU kann auch anders beschrieben werden: als eine Art Elite-Regierung, oder noch besser als die liberal-demokratische Regierung der europäischen Aristokratie. Das Wort „Aristokratie" wird hier als Metapher benutzt für eine bestimmte Gruppe von Personen, die sich einbilden, anderen überlegen zu sein. Diese Einbildung ist vermutlich ein Überbleibsel aus den 60er Jahren, als die Führungskräfte von heute jung und rebellisch waren, gegen die politische Ordnung kämpften und – wie alle Revolutionäre – glaubten, den trägen Massen überlegen zu sein.

In ihrer Jugend waren diese Politiker der Überzeugung, die Architekten einer neuen Welt zu sein, die das Ergebnis ihrer Revolution sein würde. Jetzt, im fortgeschrittenen Alter, nehmen sie für sich in Anspruch, die Schöpfer eines institutionellen Systems zu sein, das sie als den größten politischen Erfolg der Geschichte erachten. Es ist dieselbe Haltung in beiden Fällen: das vorschnelle und arrogante Beiseiteräumen von allem, was sie als Anachronismus und Vorurteil bezeichnen und ihnen deshalb im Weg steht. In dieser Hinsicht unterscheiden sich die EU-Führer und -Bürokraten nicht von den aufgeklärten Monarchien der Vergangenheit, außer vielleicht, daß es ihnen etwas besser gelingt, ihre Geringschätzung den Massen gegenüber zu verbergen.

Beide Definitionen der EU – als Mehrheitsdemokratie und als Herrschaft einer aufgeklärten Aristokratie – widersprechen den allgemeinen Auffassungen darüber, was liberale Demokratie sein sollte, auch wenn diese Auffassungen, wie wir wissen, falsch sind. In den einzelnen Nationalstaaten, die die EU bilden, wäre es viel schwieriger, die Tricks anzuwenden, die in der EU üblich sind. Aber das Phänomen des Mainstreams – die Verschiebung nach Links und die gleichzeitige Annäherung von Links und Rechts – ist nicht in Brüssel, sondern in den Nationalstaaten entstanden. Dort sind auch die machtvollen politischen Bewegungen mobilisiert worden, um die immer neuen Formen von Diskriminierung zu bekämpfen. Und es waren die Nationalstaaten, in denen die aufgeklärte liberale Demokratie ihre Form annahm und begann, alle Facetten des individuellen und sozialen Lebens zu formen und jedem die politische Legitimation zu entziehen, der dieses Programm ablehnte. Dort ist auch die Lawine von Gesetzen niedergegangen, die die liberale Demokratie zur einzigen Formel für alle Institutionen und Gemeinschaften machte. Es ist wahr, daß die europäischen Gesellschaften kaum eine Möglichkeit bekamen, in Volksabstimmungen über den Lissabonner Vertrag zu entscheiden, aber wenn sie diese Möglichkeit hatten, stimmten einige dagegen. Hätten alle Wähler über den Vertrag abstimmen können, wäre er im Müll gelandet. Aber nachdem die Öffentlichkeit von der Entscheidungsfindung ausgeschlossen wurde, und der Vertrag ohne ihre Teilnahme in Kraft trat, protestierte keine größere Gruppe gegen das undemokratische Vorgehen ihrer Regierungen und der Eurokraten. Bei anderen ähnlichen Fällen blieb der Protest ebenfalls aus: Die Herrschaft des Mainstreams wurde weder von Bürgern noch von politischen Parteien in Europa in Frage gestellt, und sie übten keinerlei Druck aus, um die EU zu demokratisieren.

Es ist natürlich schwierig, die Mechanismen der EU in die Nationalstaaten zu importieren – ein Parlament ohne Opposition oder eine nicht gewählte Regierung. Es sind die alten Institutionen, die das verhindern, die zu tief in die Tradition eingebettet sind, um einfach entfernt werden zu können: Im Parlament debattieren progressive Parteien mit noch progressiveren, um diversen privilegierten Minderheiten noch mehr Macht zu verleihen und immer mutigere Gesetze gegen Diskriminierung zu verabschieden.

Es ist schwierig, die Zukunft Europas innerhalb des EU-Modells vorherzusagen. Die europäischen Gesellschaften zeigen keinen sehnlichen Wunsch, sich von diesem Modell wegzubewegen, selbst wenn die Ineffizienz und die Arroganz der Eurokratie immer lästiger wird.

Es besteht kein Zweifel, daß die Abhilfe von den Nationalstaaten ausgehen muß, und dort müssen auch die ersten Schritte der Veränderung stattfinden: die Infragestellung des Mainstreams und der Bruch des liberal-demokratischen Monopols. So lange das aber nicht passiert, wird alles weitergehen wie bisher: Die EU wird sich aus eigener Kraft nicht ändern, und die Mehrheit der Europäer wird immer noch denken, daß die EU die mehr oder minder korrekte Verkörperung der Seele Europas ist, trotz ihrer offenkundigen Nachteile.

5.

Es gibt aber auch noch eine weitere treibende Kraft der Politisierung in der liberalen Demokratie. Wie schon erwähnt, hat das liberal-demokratische System eine inhärente Tendenz, seine Herrschaft auf alle Bereiche des Lebens auszudehnen – egal wie klein, oder vermeintlich unpolitisch er auch sein soll. Zwar enthalten die liberal-demokratischen Traditionen ein vages Versprechen, die freie, unpolitische Selbstorganisation der Gemeinschaften und das ungestörte Gedeihen des sozialen Lebens zu fördern, es ging aber dieses Versprechen niemals über verbale Deklarationen hinaus. Es wurde durch eine viel stärkere Tendenz entwertet, die sowohl dem Liberalismus als auch der Demokratie innewohnt: dem Ziel, die Gesellschaft tiefgehend umzustrukturieren. Was in Wirklichkeit geschah, war die Verkümmerung der sozialen Spontaneität und die Wucherung der Politik.

In der liberalen Tradition wird angenommen, daß Gemeinschaften wie Familie und Nation keine natürliche Existenz hätten, sie wurden deshalb immer mit einem gewissen Verdacht betrachtet. Liberale teilten immer schon die individualistische Annahme, daß kollektive Einheiten als vertragliche und provisorische Konstruktionen eine sekundäre Rolle spielten. Demzufolge stand dem Umbau der Gemeinschaften den liberalen Regeln entsprechend nichts im Wege. Das bedeutete, daß alle gleich waren, das Recht hatten, diese Gemeinschaften zu verlassen und der Staat ermächtigt wurde, Diskriminierungen jedweder Art zu beseitigen.

Der große Druck, die Gemeinschaften umzubauen und letztlich ihre Rolle zu schwächen, war in der demokratischen Tradition so lange unbekannt, wie die demokratischen Mechanismen darauf beschränkt waren, die Übernahme, Aufrechterhaltung und Weitergabe der Macht in der Regierung zu regeln. Doch mit der Reife der liberalen Demokratie änderte sich das. Eines der wichtigen selbstgesetzten Ziele der gewählten Obrigkeit war es fortan, die Gesellschaft zu liberalisieren, das heißt, die ganze Gesellschaft mit dem politischen System in Einklang zu bringen. Liberale Demokraten waren von der gleichen Annahme getrieben wie vor ihnen die Kommunisten: Beide hegten eine Abneigung gegenüber Gemeinschaften und beschuldigten sie, ein Anachronismus zu sein. Und weil sie so tief verwurzelt waren, hielten sie sie für die größten Hindernisse auf dem Weg des Fortschritts. Beide glaubten daran, daß es nicht möglich sei, die Gesellschaft zu modernisieren, wenn man nicht alle Gemeinschaften wie ländliche Gemeinschaften, Familien, Kirchen und Schulen modernisierte. So, wie die Verwirklichung des Kommunismus nicht möglich war, so lange Familien dem feudal-patriarchalen System anhingen, so war auch die liberale Demokratie unvollständig und konnte nicht erfolgreich sein, so lange Schulen Traditionen sowie autoritäre, moralische und kulturelle Werte vermittelten.

Sozialisten und Kommunisten haben die Idee der Gemeinschaft – zumindest theoretisch – immer schon mit größerer Begeisterung angenommen als die Liberalen, die von ihnen bezichtigt wurden, die menschliche Natur verfälschende Individualisten zu sein. Doch während sie die Rolle der Gemeinschaft betonten, kritisierten sie – genau so wie die Liberalen – die existierenden traditionellen Gemeinschaften scharf, und, nachdem sie die Macht ergriffen hatten, machten sie sich an deren brutale Zerstörung. Die Dörfer riefen bei ihnen eine besondere Aversion hervor, sah man sie doch als die Bewahrer von Traditionen. Marx und Engels schrieben verächtlich über die „Idiotie" des Landlebens, und ihre Nachfolger taten alles, um die ländlichen Gemeinschaften, die sie für die Bollwerke des Konservativismus und der Bigotterie hielten, zu zerstören. Die kommunistischen Regime haben systematisch alles darangesetzt, die ländliche Kultur auszulöschen, während sie so taten, als würden sie in den Bauern Opfer der Ausbeutung sehen. Dieser Widerspruch stand nicht allein. Die Kommunisten zerstörten auch die Gemeinschaften der Arbeiterklasse, obwohl sich die Partei als Bannerträger der Arbeiterklasse verstand.

Der Feldzug gegen die ländlichen und städtischen Gemeinwesen, gegen Bauern und Arbeiter, hinderte die Kommunisten nicht daran, das Loblied auf „die arbeitenden Menschen der Stadt und des Landes“ und das Proletariat zu singen. Auch riefen die Kommunisten die „Proletarier aller Länder“ auf, sich zu vereinigen, um die kommunistische Revolution weltweit zum Sieg zu verhelfen. Der Begriff des Proletariats blieb jedoch immer abstrakt, ihm entsprach keine reale Gemeinschaft, er war nicht mehr als ein Erfordernis der politischen Strategie. Das Marxsche Proletariat existierte nur insofern, als es ein Element des revolutionären Programms war: Die politische Rolle war das alleinige Identitätsmerkmal dieses politischen Konstruktes. Wenn jemand Fabrikarbeiter oder Arbeitsloser war, machte ihn das noch lange nicht zum „arbeitenden Menschen“ oder zum Teil des Proletariats.

Die Durchpolitisierung der Gesellschaft durch die liberale Demokratie verlief etwas anders, hatte aber vergleichbare Auswirkungen. Sobald feststand, daß das System nicht nur dazu da war, die reibungslose Übergabe der Macht von einer Regierung zur anderen sicherzustellen, sondern um das ganze Gewebe der Gesellschaft neu zu ordnen, wurden die Gemeinschaften zunächst zu einem natürlichen Objekt der Kritik und später zu Opfern der offenen Angriffe, waren sie doch feindliche, nicht-liberale und nicht-demokratische Machtstrukturen. Aller Inhalte und Werte beraubt, reduziert auf die politische Form, waren die Gemeinschaften gezwungen, die liberal-demokratischen Regeln zu akzeptieren. Der wahre liberale Demokrat sah in ihnen moralisch verwerfliche und politisch gefährliche Anachronismen, die Diktaturen Tür und Tor öffneten.

Die alten Bindungen mußten durch neue, modernere, ersetzt werden. Hier bot sich zum Beispiel die feministische Ideologie an, die proklamierte, daß Frauen durch ein besonderes Gefühl der Gemeinschaft und Solidarität wie Schwestern miteinander verbunden seien. So avancierten Frauen fast zu einem Äquivalent des Marxschen Proletariats. So wie das Proletariat ist auch die Kategorie „Frauen“ ein abstraktes Konzept, das sich auf keine wirklich vorhandene Gemeinschaft bezieht, es ist vielmehr ein Objekt politischen Kultes. Es ist paradox, daß die feministische Frau, geschaffen von der politischen Phantasie, für die Feministinnen die einzig richtige Frau, die wahrste Frau überhaupt ist, so, wie das Proletariat für den Marxisten der einzig wahre Repräsentant der Arbeiterklasse ist. Den echten Frauen – wie auch den echten Arbeitern – in der echten Gesellschaft ist jedoch nicht zu trauen, da sie viel zu weit vom politischen Modell abweichen. Eine nichtfeministische Frau ist im Sinne des Feminismus überhaupt keine Frau, so wie ein nichtkommunistischer Arbeiter kein Proletarier war.

Wahrscheinlich sind die Homosexuellen das beste Beispiel dafür, wie eine Gemeinschaft mit politischer Identität entsteht. Die Homosexuellen haben durch politische Ermächtigung den Status einer internationalen Bewegung erhalten, mit der sie nun für Macht und politischen Einfluß kämpfen. Es gibt auch ethnische Gruppen, die überhaupt nur durch ihre politische Rolle als Kämpfer zur Erfüllung ihrer Ansprüche existieren. Der in den letzten Jahren so populär gewordene Multikulturalismus ist ein Programm für eine Gesellschaft, in der nicht viele Kulturen, sondern viele mit echten, meistens aber mit imaginären Kollektiven verbundene politische Identitäten existieren. Multikulturalismus ermutigt zur heute sogenannten Identitätspolitik. Der Begriff jedoch ist irreführend. Er hat wenig zu tun mit der Verteidigung des reichen gesellschaftlichen Gewebes und den historisch entstandenen Gemeinschaften. Er ist vielmehr ein Programm zur Politisierung von bestimmten Gruppen, die das gesellschaftliche Gewebe im Laufe der Zeit radikal verändern können.

Man könnte annehmen, daß dieses Programm mit der Logik der Demokratie übereinstimmt, die ja schließlich auf dem Wettbewerb um die Macht rivalisierender Gruppen beruht. Das Argument stimmt und stimmt auch wieder nicht. Es stimmt insofern, als es auf die gegenwärtig vorherrschende Tendenz hinweist, in der sich soziale Gruppen in etwas Ähnliches wie politische Parteien verwandeln. Organisiert von oben durch eine politische oder ideologische Führung, werden Frauen, Homosexuelle, Moslems und ethnische Gruppen als Parteien aufgefaßt und in solche transformiert, aber außer, daß sie für die Macht gegen andere Gruppen kämpfen, haben sie keine andere Identität. Wer aus welchen Gründen auch immer nicht Mitglied einer Quasi-Partei wird, obwohl er oder sie dazugehören könnte, oder der Parteiideologie widerspricht, ist ein Feind und Verräter. Ein schwarzer Amerikaner, der den Absurditäten der afro-amerikanischen Ideologie nicht folgt, ist ein Verräter seiner Rasse, egal welche Tugenden er sonst besitzen mag. Eine Frau, die den Feminismus ablehnt, ist eine Verräterin der Schwesternschaft. Aber Gemeinschaften sind keine Parteien, und die Gesellschaft kann nicht wie ein demokratisch gewähltes Parlament in Parteien, die politische Spielchen treiben und um die Macht ringen, aufgeteilt werden. Multikulturalismus ist eine von der liberalen Demokratie geschaffene Narretei, die jedoch erstaunlich erfolgreich ist.

Multikulturalismus handelt nicht von Kultur sondern von Politik. Der Feminismus ist nicht die Kultur von Feministen oder Frauen, sondern eine politische Plattform, vereinnahmt von Regierungen, der EU und vielen internationalen Institutionen, Homosexualität ist nicht mehr die Sache von Homosexuellen und ihrer Organisationen, sondern ein wesentlicher Bestandteil der nationalen und internationalen Agenda. Wenn ein Land es wagt, wie Ungarn es getan hat, in seiner Verfassung festzuhalten, daß die Ehe ein Bund zwischen Mann und Frau ist, wird es fast weltweit verurteilt und wütend verfolgt.

Indem all diese Schlagworte durch den Mainstream vereinnahmt wurden, trug dies – paradoxer Weise – zur weiteren Homogenisierung der Welt bei, was umso wirksamer funktionierte, als es gleichzeitig als die Kultur der Diversität verkauft wurde. Der Multikulturalismus hebt die Politisierung der Gesellschaft auf ein neues, nie dagewesenes Niveau und verstärkt das herdenhafte Verhalten des liberal-demokratischen Demos. Niemals zuvor konnte ein ähnliches Phänomen beobachtet werden: Millionen von Menschen, die den gleichen Denkmustern folgen und die Welt in keiner anderen Weise als den orthodox-liberalen Dogmen entsprechend sehen können, sind von ihrer Individualität überzeugt und proklamieren die Überlegenheit des Pluralismus.

So werden Gemeinschaften, die die eigentlichen Träger der Diversität wären, unterminiert und geschwächt. Sie sind nicht die einzigen Opfer. Die Politik hat die Kultur übernommen und beschädigte das Recht, das zu einem besonders effektiven Instrument der Parteienmacht geworden ist. Auch an dieser Stelle ist ein

Vergleich mit dem Kommunismus unvermeidlich. Natürlich war im Kommunismus die Willkür, mit der die Partei die Gerichte kontrollierte, viel eklatanter. Doch wie seinerzeit die herrschende kommunistische Clique, betrachtet auch der Mainstream die Rechtssetzung als sein exklusives Eigentum und nutzt sie zu seinen eigenen Zwecken. Der moderne Staat brüstet sich sogar mit der Politik des *social engineering*, greift tief in das Leben der Gemeinschaften ein und kann dies ungestraft tun, da er die Rechtssetzung und den Vollzug kontrolliert. Die wichtige Funktion des Rechts, eine Barriere gegen die Anmaßungen der Politik zu bilden, ist entweder ganz verloren gegangen, oder ist entscheidend geschwächt worden. Stattdessen ist es zu einem Instrument geworden, mit dem der Widerstand der Gesellschaft gegen die soziale Umstrukturierung – euphemistisch Modernisierung genannt – gebrochen wird. Justitia ist in liberalen Demokratien wie einst im Kommunismus nicht mehr blind. Wie damals ist sie zum Motor geworden, der die Gegenwart in Zukunft transformiert.

Politik und Recht gehen davon aus, daß nicht alle Gruppen berechtigt sind, die gleiche Unterstützung zu genießen und vom Mainstream gleichermaßen anerkannt zu werden. Diejenigen, die es verdienen, eben jene Gruppen, die zu den Unterdrückten gehören, genießen besonderen Schutz und Privilegien. Welche Gruppe den Status der Unterdrückten verdient, ist eine reine politische Entscheidung, die nichts mit der Realität zu tun hat. Homosexuelle Gruppen haben auf diesem Wege enorme Privilegien erhalten, weil sie als Unterdrückte identifiziert wurden, und das werden sie bleiben, so lange es die liberale Demokratie gibt. Die etwas bizarre Zuneigung zur Homosexualität hat auch mit der Zielsetzung zu tun, die Familie zu dekonstruieren, eine Institution, der auch die Linke mit einer ähnlichen Feindseligkeit gegenüberstand.

Privilegiert sind auch Moslems, aber aus anderen Gründen. Einerseits haben liberale Demokraten tatsächlich Angst vor ihnen. Andererseits sollen ihre Privilegien der Beweis für die Lebensfähigkeit des Multikulturalismus und eine Übung in moralischem Masochismus sein. Die Haltung den Moslems gegenüber wird manchmal als – zugegeben sehr schwieriger – Test für liberale Toleranz und Offenheit verstanden. Manche Gruppen haben leider nicht so viel Glück wie die Moslems, so zum Beispiel die Christen, die die liberal-demokratischen Gesetzgeber und die Gerichte nicht des Schutzes würdig und bedürftig halten.

6.

Die demokratische Politisierung unterscheidet sich in einem wesentlichen Aspekt von der kommunistischen. In der liberalen Demokratie geht es um die Kooperation unter Gruppen, ein Problem, das im Kommunismus praktisch nicht existierte, da ja behauptet wurde, daß Konflikte aufgehört haben zu existieren; daher gab auch keine Notwendigkeit für ein politisches System der Kooperation. Die liberale Demokratie erhebt die Kooperation zu einer überragenden Kategorie, und erklärt sich selbst gerade deshalb allen anderen Systemen überlegen. Abstrakt formuliert, ist das Argument nicht zu widerlegen: Kooperation ist besser als Aggression und Krieg. Doch auch wenn wir nicht ununterbrochen in kriegerische Auseinandersetzungen verwickelt sind, wird dadurch die liberal-demokratische Politik nicht zu einem Modell der Kooperation. Ebenso wenig stimmt es, daß die Politik der Emanzipation und der Ermächtigung von Gruppen den Geist des Dialogs, der Debatte und des gegenseitigen Respekts gefördert hätte. Diese Ausdrücke sind im heutigen Diskurs mindestens so verbreitet wie der Aufbau des Sozialismus in der kommunistischen Rede. Doch der Dialog in der liberalen Demokratie ist von einer besonderen Art: Er hat zum Ziel, die Vorherrschaft des Mainstreams aufrechtzuerhalten. Beratung ist nur erwünscht, wenn die Mainstream-Orthodoxie am Ende gewinnt.

Der Glaube, daß das liberal-demokratische System kooperativen Charakter hat, ist nicht ohne Konsequenzen. Wenn Politik respektvolle Kooperation unter den Parteien bedeutet, wogegen das Gegenteil zu Diskriminierung, ungerechter Vorherrschaft und letztlich Krieg führt, dann wird Kooperation zum Gebot. Es reicht nicht aus, auf Parlaments- und Regierungsebene zusammenzuarbeiten, Kooperation muß auf allen Ebenen des öffentlichen Lebens stattfinden. Überall gibt es Gruppen, denen ihre Rechte vorenthalten werden: Frauen, Homosexuelle, Muslime, Zigeuner, Schwarze und viele mehr, und diese haben die Pflicht, mit ihren angeblichen Unterdrückern abzurechnen. So begegnen wir überall Situationen, die uns die Notwendigkeit von Kooperation und die Sicherstellung der dafür notwendigen Voraussetzungen vor Augen führen. Dann reicht es nicht mehr aus, auf Parlaments- oder Regierungsebene zu kooperieren. Die Politik der Kooperation muß auf alle Bereiche des öffentlichen Lebens ausgeweitet werden, weil die Alternative Diskriminierung oder unberechtigte Vorherrschaft und letztlich Krieg ist. So begegnen wir überall Umständen, die uns die Notwendigkeit der Kooperation vergegenwärtigen und uns aufrufen, die Voraussetzungen dafür zu schaffen.

Damit diese Voraussetzungen auf der Ebene der Legislative, der Regierung und schließlich international geschaffen werden können, muß es gelingen, die Bedingungen dafür auf niedrigeren Ebenen sicherzustellen. Wenn nicht überall in der Gesellschaft, selbst in ihren kleinsten und scheinbar unpolitischen Segmenten der Dialog, die Toleranz und die Anerkennung der gleichen Rechte vorherrschen, dann verlieren alle Vereinbarungen auf höheren Ebenen ihre Effektivität. Wenn die Rechte der Frauen und der Homosexuellen im alltäglichen Leben nicht respektiert werden, dann sind die verfassungsmäßig niedergelegten Rechte von Frauen und Homosexuellen nichts wert.

So wird die Sicherung der Effektivität von Politik zu einer umfassenden Aufgabe, weil die Voraussetzungen, von denen der Erfolg der Kooperation abhängt, nicht nur zahlreich sind, sondern auch täglich mehr werden. Literatur, Kunst, Bildung, Familie, die Liturgie und die Bibel, Traditionen, Unterhaltung und das Spielzeug der Kinder – all das unterstützt entweder die Kooperation, oder stärkt Intoleranz, Diskriminierung und Vorherrschaft. Überall lauern Ideen, Themen und Vorstellungen, die manche Gruppen nicht akzeptieren können und die eine negative Sicht auf diese Gruppen enthalten könnten. Diese negativen Sichtweisen – auch Vorurteile genannt – könnten den Status der Gruppe unterminieren und folglich ihre politische Position in der demokratischen Gesellschaft. Wenn in der Familie die wichtigen Entscheidungen vom Vater getroffen werden, läßt die Machtstruktur in dieser kleinen sozialen Einheit negative Stereotype entstehen, die die Stellung der Frau in der Familie unterminieren, was letztlich die Stellung der Frau in der ganzen Gesellschaft in Frage stellt und verhindert, daß Frauen und Männer auf gesellschaftlicher Ebene als

Gleichgestellte kooperieren. Wenn sich einzelne abschätzig über Homosexuelle äußern, kann das – wenn es viele tun – dazu führen, daß die Gruppe der Homosexuellen insgesamt diskriminiert wird und der Kooperationsprozeß mit ihr behindert wird.

Dieses Phänomen erklärt die verheerende Machtergreifung der *political correctness*. Sie ist eine praktische Konsequenz der Ansicht, daß es die Aufgabe aller Bürger der liberal-demokratischen Gesellschaft ist, sich am großen kollektiven Unterfangen zu beteiligen, wo alle mit allen auf allen Ebenen und unter allen Umständen kooperieren. Das Familienleben, der Inhalt eines Buches oder ein Witz sind unter diesen Bedingungen keine irrelevanten Trivialitäten. Sie illustrieren, warum *political correctness* entscheidend für die Logik der liberalen Demokratie ist. Weil *Dialog, Respekt, gleiche Rechte, Offenheit* und *Toleranz* schon ihrer Definition nach politisch sind, wird auch die geringfügigigste aggressive Bemerkung zur moralisch verwerflichen Sünde. Was auf der Oberfläche ein kaum wahrnehmbares Zeichen ist, verweist auf in der Tiefe brodelnde Strömungen von Hass, Intoleranz und Rassismus. Es ist die Aufgabe des Staates mit allen ihm zur Verfügung stehenden Mitteln dafür zu sorgen, daß diese schrecklichen Tendenzen nicht an die Oberfläche gelangen. Dafür schafft er den entsprechenden legalen Rahmen, ordnet den öffentlichen Raum und die Bildung neu, so, daß die Menschen die Regeln des politisch korrekten Denkens verinnerlichen.

Dieses Streben hat einen hohen Preis. Wenn der Staat die Regeln für die Kooperation setzt und sie auf allen Ebenen der Gesellschaft erzwingt, hat die Einmischung in das Leben der Menschen keine Grenzen mehr. Die dafür notwendigen Gesetze werden immer detaillierter und zudringlicher. Das Dammbruchargument – so oft von den Liberalen hervorgebracht – ist in diesem Falle besonders zutreffend. Was heute noch als völlig unpolitisch erscheint, kann morgen politisch sein.

Das erste Opfer auf diesem Wege ist die Sprache. War sie früher einmal ein Mittel der Beschreibung und als solche neutral, ist sie inzwischen zu einer politischen Waffe der Unterdrücker gegen die Unterdrückten avanciert. Denn am Anfang von allem steht das gedankliche Verbrechen, eine mentale Sünde, die der erste Akt des Ungehorsams gegenüber den heiligen Prinzipien ist. Wer nach einer Abhilfe gegen gedankliche Verbrechen sucht, muß mit der politischen Therapie des menschlichen Geistes beginnen.

Auch der Kommunismus hatte ein vergleichbar gutes Gespür für das politische Böse, das seinen Ursprung – ganz wie in der liberalen Demokratie – in einem inneren Verrat und der Unfähigkeit hatte, die kommunistische Botschaft zu empfangen. Doch das Böse konnte entwaffnet und sogar ins Gute gewendet werden, wenn nur der innere Verrat angeklagt wurde, und der wiedergeborene und reformierte Geist endlich vorbehaltlos die kommunistische Botschaft verinnerlichte. Der kommunistische Staat und seine Funktionäre boten verschiedene therapeutische Programme an, um die Sündigen von ihren schlechten Gewohnheiten und üblen Gedanken zu befreien. Sobald ihr Bewußtsein geschärft wurde, konnten sie sich ihren guten Genossen im Marsch in die leuchtende Zukunft des Kommunismus anschließen. Genau diese Methode findet ihre Fortsetzung in der liberalen Demokratie. Sogar der Ausdruck „das Bewußtsein schärfen" tauchte wieder auf und verwies auf ähnliche Praktiken, um den Geist der Menschen von politisch subversiven Einstellungen zu säubern.

Die Regierung ist nicht die einzige Instanz, die die Einhaltung der Regeln der Kooperation überwacht. Die Verantwortung hierfür lastet vielmehr auf den Schultern von allen. Jeder ist dafür verantwortlich, das Böse auszumerzen und dem Guten zum Sieg zu verhelfen. In dieser Hinsicht hat die liberale Demokratie sogar mehr erreicht als der Kommunismus. Der Kommunismus war gewalttätig, die Behörden behandelten jede Art von Ungehorsam mit Brutalität, und die blutige Geburt des Systems blieb nicht ohne Einfluß auf das Verhalten der nächsten Generation. In der liberalen Demokratie ist dieser Prozeß spontan, und der juristische und politische Zwang ist viel mehr die Antwort auf ein öffentliches Verlangen als ein willkürlicher Akt von Gewalt gegen die Gesellschaft. Massenweise gehen Menschen auf die Jagd nach unbotmäßig gebrauchten Wörtern und abweichendem Verhalten in ihrer Umgebung.

In der liberalen Demokratie – so wie im Kommunismus – kommt bei der Verfolgung von abweichendem Verhalten dazu berufenen Intellektuellen eine bedeutende Rolle zu. Sie sind am gelehrigsten und aufgeklärtesten und deshalb am geeignetsten für diese Aufgabe, die darin besteht, kriminelle Gedanken aufzuspüren, vor einem Dammbruch zu warnen, der von diesem Gedanken hin zur Unterdrückung führt. Zum Beispiel kann die nicht korrekte Nutzung des Genus bei Substantiven (Studenten statt StudentInnen, Autor statt Autorin, usw.) erst der Anfang sein. Sie könnte die Folge einer falschen frühkindlichen Erziehung sein, könnte aber am Ende auch zur Vergewaltigung von Frauen führen. Der scharfe Blick des Intellektuellen wird frühzeitig jede politische Gefahr erkennen, in jedem Satz, in jeder Metapher, in jeder Anzeige oder in einem Roman, sollte es sich auch nur um eine Kleinigkeit handeln, die die liberal-demokratischen Regeln unterminiert. Und da die liberale Demokratie mindestens so viele „Lumpen-Intellektuelle" hervorgebracht hat wie der Kommunismus, mangelt es nicht an Freiwilligen, die sich ekstatisch dem Aufspüren jeder Illoyalität widmen und so die neue Orthodoxie stärken.

Die so entstandene Atmosphäre läßt eine bestimmte Art von Mentalität entstehen: die des Moralisten, der Kommissar und Spitzel in einem ist. Auch wenn diese Person glaubt, daß er der Menschheit einen besonders wertvollen Dienst erweist, geht es in Wirklichkeit darum, daß er nach einer Macht greift, die sonst für ihn unerreichbar wäre, und daß er meistens der Versuchung nicht widerstehen kann, anderen ungestraft schaden zu können. Darin aber besteht die besondere Attraktivität der Jagd auf die Fehlbaren und der Verteidigung der Orthodoxie.

Sowohl im Kommunismus als auch in der liberalen Demokratie begegnen wir der gleichen Besonderheit: Zufällig auftretendes wird als systemisches Problem behandelt, was im Umkehrschluss bedeutet, daß im System nichts zufällig ist. Deshalb drangsalieren liberale Demokraten – wie es früher die Kommunisten taten – ihre Kollegen wegen einer bedeutungslosen Bemerkung oder einem falschen Witz und fordern deshalb immer wieder noch strengere Regeln und Gesetze. Diese selbsternannten Wächter der Reinheit sehen sich als die Verantwortlichen für die Zukunft der liberalen Demokratie weltweit.

Wie in jedem System, das auf Gewalt und Lügen beruht, fühlten sich die Kommunisten unbesiegbar und verletzlich zugleich. Sie ahnten, daß einige wahre Gedanken und Ideen, wenn sie erst in der Öffentlichkeit als wahr erkannt wurden, ausreichten, um die

Falschheit des ganzen Systems offenzulegen und so zu seinem Zusammenbruch zu führen. So war die Wahrheit ihr größter Feind, und das zu Recht, denn es war die Wahrheit, die sie schließlich besiegte. Ein solches Szenario erscheint in der liberalen Demokratie als absurd, denn das System ist stabil, und das Prinzip der Redefreiheit ist in den Verfassungen enthalten. Doch die Jäger der *political incorrectness* ahnen, daß die Stabilität nicht so unerschütterlich ist, wie sie erscheint, und sie wissen, daß die Redefreiheit keineswegs unproblematisch ist, da sie von bösartigen Menschen ausgenutzt werden kann.

Im Kommunismus versetzte die Tatsache, daß jemand ein Buch, ein Gedicht oder eine Erzählung in einer illegalen, nicht zensierten Publikation veröffentlichte, das ganze Politbüro in Alarmbereitschaft, und manchmal rollten auch Köpfe. Diese scheinbar kleinen Zwischenfälle wurden als großes Problem angesehen, das massive Gegenreaktionen erforderlich machten. Sorgfältig organisierte Arbeiterdemonstrationen, Erklärungen der offiziellen Verbände der Schriftsteller, Künstler, Lehrer und vielen anderen erklärten ihre scharfe Verurteilung der Verbrecher. Ein falsches Wort reichte aus, um den Arbeitsplatz zu verlieren und auf eine schwarze Liste gesetzt zu werden. In der liberalen Demokratie ist scheinbar alles erlaubt, aber politisch nicht korrekte Äußerungen können eine Lawine lostreten: Intellektuelle protestieren, Journalisten im Fernsehen sind entsetzt, Komödianten nutzen die Waffen der Satire, und die „Lumpen-Intelligenz“, begeistert von all der zur Schau gestellten Empörung, pfeift, trampelt und klatscht und verlangt eine exemplarische Bestrafung.

Die Verfolger der Verräter der liberalen Demokratie bilden sich ein, daß sie einer kleinen Gruppe angehören, die unermüdlich gegen einen überwältigend großen Feind kämpft. Im Kommunismus wollte man die Menschen glauben lassen, daß sie einen niemals endenden Kampf gegen den Feind führten. Der Feind hatte viele Gesichter und Identitäten: der internationale Imperialismus, die CIA, einheimische Reaktionäre, mit Millionen gefördert aus Washington, London oder Paris.

Auch in der liberalen Demokratie geht der Kampf nie zu Ende. Es gibt dunkle Kräfte, die immer wieder ihr Haupt erheben: das Patriarchat, die weiße Vormachtstellung, Rassismus, Nationalismus und andere schreckliche Erscheinungen, die Millionen Anhänger haben und sich auf Kultur- und Redegewohnheiten stützen können, die über die Jahrhunderte entstanden sind. Die Kämpfer der *political correctness* sehen sich als David im Kampf gegen Goliath – dabei trifft das genaue Gegenteil zu. Sie gehören zum Mainstream und haben die ganze Macht auf ihrer Seite: Nationale und internationale Gerichte, die Vereinten Nationen und ihre Agenturen, die EU mit all ihren Institutionen, die Medien, Universitäten und die öffentliche Meinung. Die Illusion, daß sie eine kleine mutige Minderheit sind, die es mit der ganzen Welt aufnehmen muß, verleiht ihnen ein Gefühl von Überlegenheit: Zwar sind sie in absoluter Sicherheit, da sie mit den machtvollsten politischen Instrumenten der Gegenwart ausgerüstet sind; zugleich können sie sich mit ihrem Mut und Anstand brüsten, die umso größer erscheinen, je bedrohlicher das Image des Feindes wird.

7.

Die erstickende Zudringlichkeit der liberalen Demokratie dürfte keine Überraschung sein, wenn wir ihre innere Dialektik in Erinnerung rufen. Der private Mensch ist eine Idee des Liberalismus, ein Mensch, der von der Last des Politischen befreit ist. Der Liberalismus hat den Menschen tatsächlich privat gemacht, wie niemals zuvor. Doch während die Wichtigkeit der Privatsphäre anerkannt wurde, hat man die Politik keineswegs aufgegeben. Im Gegenteil: die Privatsphäre, die Ehe, die Familienverhältnisse, das Gemeinschaftsleben und die Sprache wurden zum Teil der Politik. In dieser Hinsicht ähnelte der liberal-demokratische Mensch seinem kommunistischen Genossen. Aber seinen größten Erfolg errang er darin, einen Bereich zu politisieren, der bis dahin das privateste und intimste von allem war: den Bereich der Sexualität.

Die Zielsetzung, die Sexualität zu politisieren, ist früher schon in jenen radikalen Programmen erschienen, die die fundamentale Transformation der Gesellschaft und die Zerstörung ihrer traditionellen Institutionen zum Ziel hatten. Die radikalen Revolutionäre, die ein besseres Fundament für eine bessere Gesellschaft schaffen wollten, wußten sehr genau, daß ihr Programm scheitern, wenn mit der Familie nicht etwas geschehen würde. Diese Institution wurde – verständlicher Weise – als das schwierigste Hindernis auf dem Wege zum Aufbau einer neuen Gesellschaft angesehen. Als Platon die Frage der perfekten Machtelite aufwarf, verknüpfte er sie mit dem Problem der Familie. Er argumentierte, daß ein Mitglied dieser wahren Elite von allen familiären Bindungen frei sein müsse, denn diese würden seine Hingabe für die staatlichen Aufgaben mindern. Der Staat sollte das einzige Objekt seiner quasifamiliären Hingabe sein. Dem fügte Platon eine Theorie der Sexualpolitik hinzu, dessen Aufgabe es war, auf der einen Seite die sexuellen Bedürfnisse dieser Elite zu befriedigen, auf der anderen den Staat zu stärken.

Zur Zeit des Anbruchs der Moderne war die Familie, wenn auch von den Philosophen des Liberalismus und der Demokratie nicht besonders respektiert, jedenfalls kein Objekt von systematischen Angriffen. Die Kommunisten waren in dieser Hinsicht viel entschiedener. Sex und sexuelle Instinkte waren ihre Argumente gegen die monogame Ehe. Friedrich Engels fand scharfe Worte gegen die Institution der Ehe, die er mit der Prostitution verglich. Die Frau verkaufe sich gegen materielle Güter an den Ehemann, der sich dafür sexuelle Dienstleistungen kaufe. Aus den verstreuten Anmerkungen Engels' läßt sich rekonstruieren, was er für eine gute Ehe hielt: Die Ehe würde nur so lange dauern, wie sich die Partner liebten und eine sexuelle Anziehung zwischen ihnen bestehe. Engels hat die Bedeutung der Institution Ehe offensichtlich nicht begriffen.

Die Idee der freien Liebe zwischen Erwachsenen, die mit der Ehe nichts zu tun hat, kam im späten 18. Jahrhundert auf und wurde von einigen liberal gesinnten Exzentrikern praktiziert. Kommunistische Theoretiker vertraten die Ansicht, daß die kommunistische Revolution unvermeidlich zu einer dramatischen Veränderung in der Sexualmoral führen würde. Tatsächlich wurde 1917 die freie Sexualität verkündet, später aber wieder zurückgenommen, hauptsächlich deshalb, weil die kommunistischen Führer die Idee für eine Marotte der Intellektuellen hielten. Trotz einiger Ausnahmen waren Scheidung und Abtreibung wichtige Errungenschaften des Systems, und insofern gelang es dem Kommunismus in dieser Hinsicht tatsächlich dem Westen voranzugehen.

Die wirklich große sexuelle Revolution erreichte den Westen während der 60er Jahre des zwanzigsten Jahrhunderts. Es war eine radikale Veränderung, die in der Geschichte beispiellos ist, und deren unvorhergesehenen Konsequenzen sich in der Gegenwart weiter entfalten und sich voraussichtlich noch weiter entfalten werden. Die Revolution war eine Kombination von zwei Dingen. Einerseits verfolgte sie das alte kommunistische Ziel, die unterdrückerischen Machtstrukturen zu zerstören. Diese Revolution unterschied sich allerdings von allen vorhergehenden insofern, daß die Idee der sexuellen Befreiung Millionen von Menschen mobilisierte, unter anderem weil ihr in Form der Massenkultur und der Massenmedien Instrumente der ideologischen Kriegsführung wie niemals zuvor zur Verfügung standen. Neu war auch die Klarheit der Botschaft: Sex sei die machtvollste Triebkraft der menschlichen Natur, und als solche von unterdrückerischen Strukturen von außerhalb und innerhalb des Menschen versklavt. Die neuen Kreuzritter vereinfachten die Ansichten von Sigmund Freud und verbreiteten sie in einer mundgerecht aufbereiteten politischen Version.

Ihre revolutionäre Form erhielt das Konzept von Herbert Marcuse, der in den 1950-er Jahren mit einer Theorie aufkam – eine Mischung aus Freudianismus und Marxismus –, die die sexuelle Befreiung mit dem Kampf zur Niederringung des politischen Systems verband. Seine Argumentation bestand im Wesentlichen aus zwei Elementen. Das erste war eher eine diabolische Darstellung der modernen kapitalistischen Welt, der es gelinge, alle revolutionären Bewegungen abzuwehren und zu neutralisieren. Das zweite war die Interpretation der Sexualität als die einzige Kraft im Menschen und der Gesellschaft, die subversiv und von den herrschenden Mächten unkontrollierbar sei. Die Proklamation der sexuellen Revolution war deshalb ein Aufruf zur kollektiven politischen Aktion und eine machtvolle politische Waffe. Nach einigen Jahren gewann diese Theorie große Popularität, vor allem unter jungen Leuten.

Aber die sexuelle Revolution hatte noch eine andere Seite neben Marxismus und Freudianismus, die selten beachtet wurde. Sie war ein Höhepunkt des wachsenden Konsumdenkens in den westlichen Gesellschaften, einem Ergebnis von nie dagewesenem

Wohlstand und Sicherheit. Bis zu den 60er Jahren gehörte Sex nicht zu den einfach erwerbbaren Gütern, denn die noch vorherrschenden alten moralischen Auffassungen verhinderten das. Aber das Konsumdenken schwächte die moralischen Empfindungen und ersetzte sie durch viel anspruchslosere und scheinbar natürlichere utilitaristische Kriterien, die besagten, daß der Genuß das Maß des Wertes aller menschlichen Zielsetzungen sei. Die Effizienz der modernen Zivilisation gewöhnte die Menschen daran, zu erwarten, daß ihre Aktionen sofort belohnt würden. Was auch immer die Belohnung verzögerte, hielt man für unnatürlich, repressiv und langfristig unerträglich.

Von der Perspektive der Philosophiegeschichte aus gesehen, ist das die letzte Phase einer langen Entwicklung. Von Anfang an war der Genuss für die Philosophen ein wichtiger Teil der menschlichen Erfahrung, der in einer komplizierten, jedoch machtvollen Verbindung mit der Moral stand. Im Laufe der Zeit verblaßte das Konzept des Glücks – das einst zu den zentralen Kategorien der klassischen Ethik gehörte – und wurde fälschlicher Weise mit Genuß gleichgesetzt. Ursprünglich war Glück eine Qualität, die einem ganzen Leben zugeschrieben werden konnte, nicht aber einzelnen Episoden oder Momenten. Auf keinen Fall konnte Glück auf Genuß, eine kurze und vorübergehende Erfahrung reduziert werden. Solange das Streben nach Glück die Planung des ganzen Lebens betraf, hatte es eine eigene moralische Konsistenz und innere Harmonie, erreichbar durch ein tugendhaftes Leben.

Sobald der Genuß in den Mittelpunkt des Lebens rückte, entstand eine neue Vorstellung von der Natur des Menschen. Der Mensch dachte sich nicht mehr mit Begriffen, die die ganze Existenz betrafen, sondern in Begriffen der Momente und Episoden. Es mußte so kommen, denn es gibt den Genuß des ganzen Lebens nicht. Man kann über Genüsse und angenehme Momente sprechen, die sich im Laufe des Lebens ereignen, man kann diese Momente auch aufaddieren, und je höher die Summe ausfällt, umso besser. Aber diese Summe sagt nichts darüber aus, ob das Leben als Ganzes glücklich und erfüllt war oder nicht. Für ein erfülltes Leben ist es notwendig, ihm eine dauerhafte, ihm innewohnende Bedeutung zu geben. Es kann mit vielen angenehmen Momenten einhergehen, ist aber keineswegs das Ergebnis dieser Momente.

Man kann freilich das Leben als eine Serie von Episoden begreifen, aber unterminiert damit die Kontinuität der Existenz, im extremen Fall entstehen verschiedene Identitäten, die jeweils mit einzelnen Episoden verbunden sind. Doch auch wenn das Leben aus Episoden bestehen sollte, wir selbst sind das nicht. Wenn dem Leben die innere Einheit fehlt, kann es nicht glücklich sein, denn ein menschliches Wesen kann seine innere Einheit nicht ohne negative Konsequenzen aufgeben.

Die sexuelle Revolution ist die extremste Manifestation des episodischen Menschen. Wer sein Leben dem sexuellen Genuß widmet, hat es aufgegeben, der Existenz eine einigende Bedeutung zu geben. Dieser Genuß ist kurzlebig und flüchtig wie kein anderer. In der klassischen Ethik waren sexuelle Genüsse gefürchtet, nicht nur, weil sie der Selbstschwächung unterliegen, sondern weil sie unkontrolliert dazu neigen, auch äußere Einschränkungen beiseitezuschieben. Moderne Utilitaristen behandeln diese Warnungen nicht mit dem nötigen Ernst. Mit dem Überhandnehmen des Konsumdenkens war die Angst vor ihnen verflogen und der Kult des Genusses erlebte neue Höhepunkte. Die sexuelle Freiheit war nicht nur Genuß, sie stand auch für Spontaneität, gegen seelenlose Technologie und Produktivität, für Frieden und universelle Harmonie, für Wegfall von Schranken, Herrschaft und Diskriminierung.

Ein alter Traum wurde – etwas modifiziert – wahr: Individuen konnten individuelle Genüsse erleben, unbeaufsichtigt vom Staat und seinen Institutionen. Der Unterschied zum alten verblaßten Traum bestand darin, daß statt den Acker zu bearbeiten, zu fischen, Bücher zu lesen und ein Familienleben zu führen, ein Privatmensch zu sein nunmehr bedeutete, sich sexuellen Genüssen hinzugeben. Der Plan war nicht mehr, die Welt von der Politik zu befreien, stattdessen fegte eine nie dagewesene Welle der Politisierung über die liberal-demokratischen Gesellschaften hinweg. Millionen wurden mobilisiert um für eine bessere Welt zu kämpfen, und eine Welle der sexuellen Liberalisierung folgte der anderen. Sex wurde zur Waffe der Zerstörung der alten Ordnung und zum Instrument, die neue zu errichten. Er durchdrang alle Bereiche des öffentlichen Lebens: Bildung, Kunst, Kultur und Sprache.

Die politisierte Sexualität wurde zum offiziellen Programm des Staates und seiner Institutionen. Die Rebellen schlossen sich ohne zu zögern mit der Politik zusammen und wurden zu ihren Funktionären. Die Konsequenzen waren allerdings nicht ganz wie geplant. Sobald sie institutionalisiert wurde, durchdrang die Idee der sexuellen Befreiung das Recht, die Schulen und die Bildungsprogramme sowie die öffentliche Diskussion und wurde allmählich zum grundsätzlichen Identifikationsmerkmal der liberal-demokratischen Politik. Heute wird sie von den Vereinten Nationen, der Weltgesundheitsorganisation, Universitäten, Think-Tanks, den europäischen Institutionen und zahllosen NGOs unterstützt. Die langhaarigen Hippies wurden durch Politiker, Lehrer und Bürokraten ersetzt.

Der Kult des Genusses, der einst die Flamme der Revolution entzündet hatte, versetzt heute keinen mehr in Aufregung. Die Menschen haben zwar mehr Spaß, und es wird weiterhin behauptet, es sei der Spaß, den die Menschen haben wollten. Doch er brachte nicht mehr Glück ins Leben. Die Gegenwartsliteratur, die den sexuell befreiten Menschen beschreibt, zeigt ein düsteres Bild von Verzweiflung und Sinnlosigkeit. Doch das entstandene existenzielle Vakuum hat den fortdauernden Angriff der sexuellen Politik nicht aufhalten können. Die Institutionalisierung des Sex versperrt den Weg, den der Hedonismus einst versprach. Die neuen Versprechen klingen hohl, denn es gibt nichts, was über den Sex hinausweisen würde. Es gibt keine menschliche Erfahrung, die grundsätzlicher und demokratischer wäre, keine, mit der man Menschen noch weiter mit Freiheitsillusionen locken könnte.

KAPITEL 4

Ideologie

1.

Das Konzept der Ideologie verdankt seinen Werdegang dem Marxismus. Marx und Engels gingen davon aus, daß die Menschen nicht selbst kontrollieren, welchen Ideen sie anhängen. Sie würden Ideen annehmen, ohne zu realisieren, daß diese Produkte der sozioökonomischen Verhältnisse sind, in denen sie leben. Jedes System generiere nicht nur die zu ihm passenden Institutionen und wirtschaftlichen Verhältnisse, sondern auch eine kohärente Sammlung von Ideen, die es legitimieren und seine Grenzen markieren. Alle Ideen, die die Menschen für zeitlos und selbstverständlich halten, seien jedoch weder das eine noch das andere. Sie sollen vielmehr Produkte der politischen und wirtschaftlichen Verhältnisse sein, die die jeweils spezifische Phase der historischen Entwicklung kennzeichneten. Wer glaube, die Welt von einer unabhängigen Perspektive beurteilen zu können, betrüge sich selbst, weil er mißachte, daß sein angeblich unabhängiges Bewußtsein von materiellen Verhältnissen hervorgebracht wurde. Das jedoch bedeute nicht, daß wir alle Sklaven unserer Zeit seien. Es gibt durchaus Menschen, die klarer sehen als die anderen, nicht, weil sie von historischen Verwurzelungen frei sind, sondern weil sie sich der zukünftigen Welt bewußt sind. Sie sprechen im Namen der Zukunft als Träger des revolutionären Geistes. Diese beiden Typen des Bewußtseins – das falsche, angeblich zeitlose, und das in die Zukunft gerichtete, richtige – nannten Marx und Engels Ideologie.

Das Konzept gelangte zu einer beispiellosen Popularität, in erster Linie, weil es sich als besonders handliches Werkzeug in politischen Konfliktlagen erwiesen hatte: Es erlaubte, den Gegner zu diskreditieren, ohne sich in eine substantielle Debatte verwickeln zu lassen. Es war viel einfacher nachzuweisen, daß die Ansichten des Gegners seinen Interessen, seiner sozialen und wirtschaftlichen Stellung entsprächen. So konnte im Kommunismus vieles aus den Bereichen der Philosophie, der Kunst und der Literatur als Produkte der bourgeoisen Ideologie diskreditiert werden. Als Agenten der bourgeoisen Ideologie wurden Philosophen, Künstler und Literaten als Feinde der sozialistischen Revolution angeklagt und verurteilt.

Ideologien sind grundsätzlich einfach und vereinfachend, sie sind instrumental und nicht deskriptiv. Die Aufgabe der Ideologie ist nicht, Feinheiten und Mehrdeutigkeiten zu beschreiben, sondern klare Aussagen zu machen. Man ist entweder für oder gegen etwas. Eine Position des Mittelweges oder der Versuch, die Dichotomie zu vermeiden, gilt als Stellungnahme für den Gegner. Um nur ein Beispiel aus dem Bereich der Philosophie zu nennen: Der ideologischen Sicht nach kann Philosophie entweder materialistisch oder idealistisch sein. Wer versuchte, über diese Unterscheidung hinauszugehen, war automatisch ein Verräter der Sache des Materialismus und driftete hinüber auf die Seite des Idealismus. Am Höhepunkt der kommunistischen Herrschaft hieß es, alles in unserer Welt habe eine ideologische Dimension, das heißt, nichts sei neutral im Konflikt zwischen Kommunismus und Kapitalismus, im Kampf zwischen Arbeiterklasse und Bourgeoisie. Alles was existierte, nicht nur materiell, sondern auch gedanklich, konnte zweifelsfrei als richtig oder falsch, bourgeois oder proletarisch, revolutionär oder konterrevolutionär identifiziert werden. Das war das Ende jeder intellektuellen Argumentation. Niemand diskutierte, sondern klagte an oder verteidigte sich gegen eine Anklage.

Die ideologische Auslegung einer der Marx'schen Grundannahmen – die Geschichte der Menschheit sei die Geschichte von Klassenkämpfen – bedeutete, daß diese Kämpfe das individuelle und kollektive Leben der Menschen ebenso prägte wie Gesellschaft, Kunst, Wissenschaft, Institutionen und Recht. Als auf dem Höhepunkt der kommunistischen Herrschaft die Kultur fest im Griff der Doktrin des „sozialistischen Realismus" war, wurde offiziell proklamiert, daß nichts in der Menschenwelt keine ideologische Dimension hätte; anders gesagt, nichts könnte hinsichtlich des Konflikts zwischen Kommunismus und Kapitalismus, Arbeiterklasse und Bourgeoisie und Vergangenheit und Zukunft neutral sein. Alles was existierte, materiell oder immateriell, als Gedanke oder als scheinbar harmlose Tollheit, konnte unfehlbar als korrekt oder inkorrekt, bourgeois oder proletarisch, sozialistisch oder anti-sozialistisch, materialistisch oder idealistisch oder progressiv oder regressiv identifiziert werden. Die bedeutete faktisch das Ende jeder intellektuellen Beweisführung.

Kein Wunder, daß diese ideologische Kontaminierung ein tiefes Mißtrauen gegenüber Ideen bewirkte. Man wußte, das Ideen nicht wirklich Ideen waren, dass Leute, die welche ausdrückten, nicht wirklich meinten, was sie sagten, selbst wenn sie persönlich so dachten – daß sie eine „hidden Agenda" hätten. Dieser Verdacht wuchs noch, wenn sich zu Marx, dem sogenannten Meister des Mißtrauens, noch zwei weitere Meister – Freud und Nietzsche – gesellten.

Die Meister des Verdachts haben die Debatte – verstanden als ein Austausch von Ideen – praktisch ausgelöscht. Wenn jemand eine Idee oder eine These unterbreitete, wurden sie nicht in Kategorien von Wahrheit oder Unwahrheit untersucht. Es wurde vielmehr gefragt, welchen Verhältnissen sie entstammten. Die Meinung konnte bourgeoise Inhalte haben und deshalb den Interessen der Bourgeoisie dienen oder einem Vorurteil entspringen. Selbst was völlig unschuldig aussah, nur einen ästhetischen, intellektuellen oder moralischen Inhalt oder gar keinen hatte, was die Welt und die menschliche Existenz mehr oder weniger genau beschrieb, wurde in einem neuen Licht gesehen: Man war davon überzeugt, daß alles Teil eines politischen Planes sei, je unschuldiger, umso heimtückischer, weil getarnt. Es gab keinen Schriftsteller, Künstler oder Denker, der nicht ideologisch gewesen wäre, das heißt, der nicht eine entweder bejahende oder kritische Haltung der Macht gegenüber gehabt hätte. Die ideologisch korrekten „kritisierten", „verurteilen", „enthüllten" und „klagten an". Jene, die sich auf der falschen Seite der ideologischen Barriere befanden, waren „unkritische Apologeten", „blinde Unterstützer" oder „Lakaien der herrschenden Klasse".

Die kommunistische Ideologie als ein Instrument des Machterhalts mußte einfach und klar sein, damit jeder verstehen konnte, wofür der Kommunismus stand und wie der Feind identifiziert werden konnte. Ihre Aufgabe war es, ein neues Denken zu formen, das einer neuen Gesellschaft diente. Unter diesen Umständen wurde sie bald von der Propaganda ununterscheidbar. Die gleichzeitige Existenz eines Ideologiebegriffs, der falsches Bewußtsein bezeichnet, und eines Ideologiebegriffs als wahre Einsicht in die historische Entwicklung, ist einigermaßen rätselhaft. Wie kann es sein, muß man sich fragen, daß die gleiche Person, die alle Ideen, die bestimmten Bedingungen entwachsen, argwöhnisch betrachtet, sich zugleich mit Leib und Seele anderen, zwingend erachteten Ideen verpflichtet fühlt? Ideologie ist offensichtlich eine mentale Struktur, die eine Kombination einander widersprechender Inhalte erlaubt, die gleichzeitige Existenz extremen Mißtrauens und blinden Dogmatismus.

Der ideologische Mensch ist extrem mißtrauisch und extrem enthusiastisch zugleich. Es existiert keine Idee, die er nicht hinterfragen, verhöhnen und verachten, nicht auf eine Ausgeburt verborgener Triebe, banaler Interessen oder psychischer Deformationen reduzieren würde. Er verachtet die Vernunft und verhöhnt hohe Ideale, und um die Vergangenheit zu entlarven, sieht er überall ideologische Mystifikationen. Gleichzeitig aber brennt er für die Verwirklichung einer besseren Welt. Er wiederholt dauernd edle Slogans wie Freiheit, Gerechtigkeit und Brüderlichkeit, und weiß immer ganz genau, welche die richtige Seite ist, deren Sieg er bereit ist, seine ganze Existenz zu widmen. Die sonderbare Kombination von gnadenlosem Argwohn und bedingungsloser Bejahung verleiht ihm unerschütterliche moralische Selbstsicherheit und intellektuelle Selbstgerechtigkeit.

2.

Man müßte annehmen, daß die liberale Demokratie von ideologischen Versuchungen relativ frei ist. In einer erheblich differenzierten Gesellschaft ist es unwahrscheinlich, daß eine einzige einheitliche Ideologie aufkommt, denn es ist gerade diese Differenziertheit, die die liberale Demokratie nicht nur zu dulden, sondern auch zu fördern versprach. Wenn sich die Menschen immer mehr nur ihren privaten Zielen widmen, wenn der Logik der Demokratie entsprechend jede beliebige Partei die politische Macht erobern kann, und das demokratische Pendel verhindert, daß die Macht über einen langen Zeitraum nur einer Partei gehört, und wenn dank der Effizienz liberal-demokratischer Institutionen das System stabil ist und prosperiert, dann scheint es für Ideologien keinen Bedarf zu geben. Die kommunistischen Staaten, die strukturell instabil und wirtschaftlich nicht leistungsfähig waren, brauchten die ideologische Propaganda. Sie diente dazu, der Unzufriedenheit der Menschen entgegenzuwirken, ihren Geist entsprechend zu konditionieren, entsprechend den Direktiven der Politbüros. Ganz anders in liberalen Demokratien; wo die Wünsche nicht blockiert und die Lebenspläne nicht reguliert sind, scheint es keinen Bedarf an Ideologie zu geben. In Richtung welcher noblen Ziele sollten die Energien auch mobilisiert werden? Um Demokratie und Freiheit zu erreichen? Es gibt sie schon. Brot für alle? Ist vorhanden, sogar im Überfluß. Aufhebung der Entfremdung? Wer in stabilen Konsumentengesellschaften mit unbegrenztem Zugang zu Informationen und Wissen könnte mit solchen flüchtigen Zielsetzungen gelockt werden?

In den 50er Jahren des zwanzigsten Jahrhunderts kamen einige prominente Intellektuelle, unabhängig voneinander, mit der breit diskutierten These, daß das Zeitalter der Ideologien vorbei sei. Zu ihnen gehörten die Amerikaner Daniel Bell, Seymour Martin Lipset, Edward Shils und Europäer wie Raymond Aron. Sie sahen nicht das vollständige Verschwinden des ideologischen Denkens voraus, denn sie glaubten, es bleibe unter bestimmten Gruppen, wie zum Beispiel Intellektuellen, erhalten. Aber sie sahen einen abnehmenden Bedarf an Ideologien und eine zurückgehende Bereitschaft der Gesellschaften, mit einfachen und – wie sie meinten – verbrauchten Parolen für radikale Transformationen mobilisiert zu werden. Eine liberal-demokratische Welt mit viel weniger Ideologie schien in Aussicht.

Doch bald zeigte sich, daß die Realität eine ganz andere war: Denn die darauf folgenden 60er Jahre waren durch einen Raumgewinn der Ideologien ungeahnten Ausmaßes gekennzeichnet. Eine revolutionäre Rhetorik erweckte erstaunlich starke Sympathien in der ganzen westlichen Welt. Noch erstaunlicher war, daß die Ideen hinter der Rhetorik eine starke marxistische Einfärbung hatten, oder direkt oder indirekt vom Marxismus inspiriert waren, obwohl es schien, als wären diese Theorien längst auf dem Müllhaufen der Geschichte gelandet. Auch wenn Intellektuelle die entscheidende Rolle bei der Entzündung der revolutionären Flamme hatten, blieb kein Segment der Gesellschaft von der Mobilisierung unberührt. Keine Institution, soziale Praxis und Moral blieb verschont.

Die neue Ideologie zeigte die alte Dichotomie: Sie war eine Kombination von Verdächtigungen und Enthusiasmus. Mit einem Mal forderten Millionen die Enthüllung der Unwahrheit von bis dahin feststehenden Wahrheiten und ihrer wirtschaftlichen, politischen und biologischen Bestimmungen. Zugleich waren sie voller Begeisterung für eine neue Welt, für Liebe, Frieden, Brüderlichkeit, Freiheit und Spontaneität. Die hypnotische Kraft des Wortes „Utopie" war wieder da.

Das Gefühl, die neue Utopie stünde kurz vor ihrer Verwirklichung, dauerte einige Jahre an und begann dann zu schwinden. Doch die Utopie hörte deshalb nicht auf zu existieren, auch wenn die derbe Sprache der Pariser Barrikaden etwas sanfter wurde. Auch wenn die Blumenkinder bald von der Bühne verschwanden, kehrten die westlichen Gesellschaften nie wieder zum Zustand vor den Protesten zurück. Die Ideologie war immer noch da, allerdings in einer weniger bedrohlichen Form. Sie kehrte als die Ideologie der liberalen Demokratie zurück, die etwas komplizierter war als die kommunistische, die jedoch in gleicher Weise vereinfachend war und das Denken verarmen ließ. Die Ideologie eroberte große Bereiche des öffentlichen Lebens und des individuellen Denkens, und dieser Zustand hält bis heute an. Sie zeigt – wie die kommunistische Ideologie auch – eine Mischung aus Verdächtigung und Begeisterung, was ihre Träger zu einer ähnlichen Selbstgerechtigkeit verleitet.

Die liberal-demokratische Ideologie hat allerdings einen Nachteil im Verhältnis zur kommunistischen. Der Einfluß der Ideologie nahm im Kommunismus nach einer Zeit ab. Am Anfang war alles ideologisch, aber mit der Zeit wurde die ideologische Wachsamkeit schwächer, die Widersprüche verloren ihre Eindeutigkeit. Als sich der ideologische Nebel lichtete, fing die Realität an sich in ihrem ganzen Reichtum zu zeigen, kurzum, die Welt wurde immer interessanter.

In der liberalen Demokratie beobachten wir die genau entgegengesetzte Tendenz. Der ideologische Nebel wird immer dichter und undurchdringlicher. Das ganze System hat sich zu einer großen Transformation aufgemacht. Die liberale Demokratie erschuf ihre eigene Version der alten kommunistischen Theorie, daß der Aufbau einer neuen Gesellschaft einhergehen muß mit der Intensivierung des Kampfes gegen ihre Feinde. Daß die liberale Demokratie eine neue Gesellschaft und den neuen Menschen erschaffen will, wurde ja mit ohrenbetäubender Intensität verkündet. Zugleich aber entsteht der Eindruck, daß die Verwirklichung dieses großartigen Projekts immer weiter in die Zukunft rückt. Der Feind ist stark wie eh und jeh. Wie sonst soll man die wachsende „Offizialität" der Ideologie in Politik, Recht, Bildung, Medien und Sprache erklären?

Die treibende Idee der kommunistischen Ideologie war der Klassenkampf, die der liberalen Demokratie ist die Triade von Klasse, Rasse und Gender. Das Schlachtfeld des Kampfes von Alt gegen Neu erschöpft sich damit jedoch nicht: Da kämpft der Eurozentrismus gegen den Multikulturalismus, die Heterosexualität gegen die Homosexualität, Weiß gegen Schwarz, Europa gegen Afrika, Alt gegen Jung, Dünne gegen Dicke. Es gibt sexuelle, ökologische, literarische Ideologien und noch viele mehr. In der Europäischen Union strahlt die Ideologie mit einer solchen Intensität, daß der Geist und die Sprache nach jedem längeren Kontakt erst gründlich entgiftet werden müssen.

Der liberal-demokratische Geist verspürt ebenso wie der eines aufrechten Kommunisten den inneren Drang, seine gläubige Loyalität zur Doktrin immer wieder zu offenbaren. Das öffentliche Leben ist voll von Pflichtritualen, an denen sich Politiker, Künstler und prominente Persönlichkeiten jeder Art eifrig beteiligen, nur um zu beweisen, daß das liberal-demokratische Bekenntnis spontan aus den Tiefen ihrer Seelen hervorbricht. Im Kommunismus war jeder Bürger verpflichtet, völlig unabhängig von der Situation, in der er sich befand, in jedem beliebigen Kontext auf die Überlegenheit des Sozialismus, auf die unverbrüchliche Freundschaft mit der Sowjetunion und auf die teuflische Ausbeutung im Kapitalismus hinzuweisen. Heute wird von einem ebenso erwartet, die Rechte von Frauen und Homosexuellen zu betonen und die üblichen Verdächtigen wie häusliche Gewalt, Rassismus, Xenophobie und Diskriminierung zu verurteilen und sich so vor den ideologischen Göttern zu verneigen.

Diese Sprache hat eine Monopolstellung im öffentlichen Raum, sie hat die populäre Kultur, das akademische Leben und sogar die Werbung erobert. Heute reicht es nicht aus, für ein Produkt zu werben, die Unternehmen haben den unwiderstehlichen Drang, dabei eine ideologisch korrekte Botschaft zu vermitteln. Die Ideologie von heute ist so machtvoll, daß jeder den Wunsch verspürt, sich dem großen Lager des Fortschritts anzuschließen. Die Situation ist fast so surreal wie unter den Kommunisten. Die Ideologie, die ursprünglich angetreten war, um die wahren Wurzeln der Ideen aufzuzeigen – wirtschaftliche Bedingungen, Gruppeninteressen, biologische Bestimmtheit – ist zu einem selbständigen Faktor mit einer solchen Kraft geworden, daß sie offensichtlich Menschen dazu zwingt, Dinge zu sagen und zu tun, die sie sonst weder sagen noch tun würden. Männer befreien sich von der männlichen Konditionierung und werden zu Feministen, Heterosexuelle, werfen das Joch ihres Geschlechts ab und lobpreisen begeistert die Homosexualität, Europäer, die früher für ihre regionale Engstirnigkeit berüchtigt waren, kritisieren nun die Euroskeptiker mit starken Worten, und Philosophen, früher als Anhänger der Rationalität bekannt, haben jetzt nur noch Verachtung für sie übrig.

3.

Politische Ideologie eroberte die Kunst und das intellektuelle Leben. Unter dem Einfluß der Ideologie haben sowohl der Kommunismus als auch die Ideologie das Kriterium der Schönheit mit der Begründung aufgegeben, es sei anachronistisch und politisch dubios, und ersetzten es durch das Kriterium des ideologisch korrekten. In Zeiten des Kommunismus folgten Künstler der „richtigen" Parteilinie, indem sie kritiklose Lobreden unter anderem auf den Fünfjahresplan oder die Sicherheitskräfte verfaßten. Sie nutzten ihre Talente, um die finsteren Feinde zu entlarven: den US-Imperialismus, Kulaken, Spione und Saboteure. Aber sobald sich Risse im System zeigten, erwachten die Künste zu neuem Leben: In Polen und in anderen Ländern der Region entstand so eine außerordentliche Blüte der Kultur, die bis zum heutigen Tag nichts von ihrer Anziehungskraft verloren hat.

Auch in der liberalen Demokratie der vergangenen Jahrzehnte hatten wir viele Künstler, die „korrekte" Werke produzierten: Sie verdammten den Faschismus in all seinen Formen, riefen nach Emanzipation und mißbilligten Diskriminierung, erklärten die Überlegenheit des Pluralismus gegenüber dem Fundamentalismus, verurteilten die Intoleranz gegenüber Homosexualität und die Welt des gnadenlosen Patriarchats. Die Botschaft ist hoffnungslos vereinfachend, aber ihre Korrektheit kann nicht angezweifelt werden, und das reicht aus, um diesen Künstlern die Anerkennung der Modediktatoren zu sichern.

Die korrekte Kunst ist nicht einfach politisch, sie ist eine Apologetik der liberalen Demokratie. In dieser Hinsicht unterscheidet sich ein loyaler Künstler der liberalen Demokratie nicht von einem, der dem Kommunismus gegenüber loyal war. Beide kämpfen gegen die Feinde ihres politischen Systems, beide verdammen, was alt und überholt ist, und gehen davon aus, daß die Welt vor ihrer Zeit ein schrecklicher Ort war. Natürlich geht es um verschiedene Akteure, doch sie haben identische Rollen, nur, daß der Proletarier gegen den Homosexuellen, der Kapitalist gegen den Fundamentalisten, Ausbeutung gegen Diskriminierung und die rote Fahne gegen die Vagina getauscht wurde.

Die liberal-demokratischen Künstler und Intellektuellen sind nicht nur mental ein Spiegelbild ihrer kommunistischen Kollegen, sondern auch in ihrem Verhalten. Sie schließen sich gerne in beiden Systemen in Herden zusammen. Außenstehende behandeln sich mit Verachtung und Feindseligkeit. Sie begeistern sich schamlos für Idiotien, wenn sie nur den Stempel der Modernität tragen, und zeigen eine abscheuliche Kühnheit bei der Verfolgung von Zielen, die sie für zwingenden Notwendigkeiten der Zeit halten. Ihr feiges Verhalten nennen sie Würde. In der Vergangenheit brachten sie Lobgesänge auf die Werke ihrer sowjetischen Genossen hervor, heute geraten sie in Ekstase, wenn sie die Werke amerikanischer Feministinnen lesen, egal wie miserabel auch ihre intellektuelle Qualität sein mag. Auch jene, die sich an diesem Spektakel intellektueller Erniedrigung nicht beteiligen, protestieren nicht – nicht weil sie feige wären (eine weit verbreitete Schwäche, insbesondere unter Intellektuellen), sondern weil sie tief in ihrem Inneren glauben, daß an diesem Unsinn etwas dran sein muss. Also überzeugen sie sich, daß Mißbilligung schlimmer wäre als still zu bleiben.

Offensichtlich können Künstler und Intellektuelle nur darin einen Wert erkennen, was ihrer liberal-demokratischen Ideologie entspricht. Wenn Alexander Puschkins „Eugen Onegin" auf die Bühne gebracht wird, verwandeln sie den Titelhelden und seinen Freund Lenski in zwei Homosexuelle. Diese idiotische Annahme illustriert, was heute als originell gilt. In Mozarts „Zauberflöte" wird die Königin der Nacht zur Besitzerin eines Eskort-Services, Sarastro zu einem bösen, Schüler terrorisierendem Schuldirektor, Don Carlos in Verdis Oper gerät in Konflikt mit seinem Vater, weil er an einem Ödipus-Komplex leidet, Shakespeares Romeo und Julia sind zwei Junkies und so weiter. Die Autoren und Künstler begründen ihr Tun damit, daß sie diese Experimente wagen, weil die alten Texte nichts mit der heutigen Realität zu tun haben und das Publikum eine Übersetzung in modernere Ausdrücke brauchte. In Wahrheit machen die Künstler von heute diese Aktualisierungen nicht für das Publikum, sondern für sich selbst. Ihre Werke widerspiegeln sehr genau ihre Phantasie und ihre mentalen Kapazitäten. In Interviews deuten sie gerne an, daß sich unter der banalen Oberfläche Ironie, Zwiespalt und umstürzlerische Polemik in den alten Meistern verbergen, womit sie eine in der klassischen Literatur verborgene unorthodoxe Botschaft zum Vorschein bringen würden.

Der liberal-demokratische Intellektuelle und Künstler lernt nur sehr widerwillig, ist aber gierig, andere zu belehren. Er hat die Fähigkeit verloren – oder, wie Apologeten seines Zustands sagen würden, er ist von ihr befreit worden –, die Unzulänglichkeit seiner Existenz zu beschreiben und ein Gefühl des Mangels zu artikulieren. Egal, wo er hinblickt, nirgendwo findet er etwas, was seine Überzeugung in Frage stellen würde, immer und überall nur Bestätigung.

4.

Die Allgegenwart der Ideologie drängt die Menschen sowohl im Kommunismus als auch in der liberalen Demokratie tagtäglich weiter weg von der Realität. Eine der unangenehmsten Erfahrungen im Kommunismus war das Gefühl, in der Nicht-Realität zu leben, das heißt, zwischen Kulissen, die von der Propagandamaschinerie produziert wurden und das Ziel hatten, uns daran zu hindern, die Realität so zu sehen, wie sie war. Oft waren es Lügen oder auch nur die Unterdrückung von Informationen über Dinge wie zum Beispiel den realen Zustand der Wirtschaft, oder wer wen bei Katyń ermordet hatte. Aber es gab etwas, das noch finsterer war: das Gefühl, zwischen Phantomen in einer illusorischen Welt oder vielmehr in einem Wahn zu leben.

Wir waren von Phänomenen umgeben, deren Existenz unwahrscheinlich, deren Macht jedoch riesig war: Partei, Arbeiterklasse, Revisionisten und Zionisten, antikommunistische Kräfte oder der Imperialismus, um nur einige Beispiele zu nennen, waren angeblich real, aber in Wirklichkeit nur politische Artefakte. Man konnte keine ernstzunehmende Debatte über wirkliche Anliegen führen, weil die Sprache dazu da war, um Fakten zu verbergen. Wer die oben genannten Ausdrücke benutzte, war mit dieser Funktion der Sprache automatisch einverstanden, beteiligte sich an dem politisch-linguistischen Ritual und erklärte seine Loyalität zum System. Je mehr Menschen sich daran beteiligten, je lauter die politischen Rituale wurden, umso beeindruckender schien die Darbietung des politischen Systems.

Der erste Schritt zur Aufkündigung der Loyalität war deshalb die Aufgabe dieser Sprache, um die Welt so sehen zu können, wie sie war. Die polnische Literatur der 70er und 80er Jahre zeigt beeindruckend, wie beglückend die Erfahrung war, wenn die ideologische Maske verworfen und die reale Welt berührt werden konnte. Keiner, der die Atmosphäre jener Tage erlebt hat, wird je vergessen, was für ein Genuß es nach all den Jahren des Betrugs war, über die Wahrheit zu sprechen, sie zu sehen und zu empfinden. Die ehrliche und wahrheitsgetreue Beschreibung der Welt hatte eine elektrisierende Wirkung auf die Seelen der Menschen. Sie entdeckten den Reichtum menschlicher Erfahrungen, lang vergessene Fakten. Alte Ideen, Stile und Formen wurden wiederbelebt und rehabilitiert. Kurzum: Die Menschen erwachten aus ihrem ideologischen Tiefschlaf.

Nach dem Zusammenbruch des Kommunismus und dem Eintritt der befreiten Länder in das globale System der liberalen Demokratie wurde erwartet, daß diese Veränderungen konsolidiert und vertieft würden. Man ging schließlich davon aus, daß Objektivität und Wahrheit die Grundlagen des Westens seien. Dort befanden sich die namhaftesten Forschungs- und Ausbildungsstätten, die auf Jahrhunderte von Erfolgen zurückblicken konnten, dort versorgten freie Medien und Journalisten die Welt mit freien und unverfälschten Informationen, dort entwickelten sich Wissenschaft und Technologie in einem unvergleichlich schnellem Tempo, und schließlich genossen die Menschen dort die Segnungen der Demokratie, die ihnen erlaubten, verschiedene Standpunkte einzunehmen und Einseitigkeiten zu korrigieren. Wir dachten, oder vielmehr, wir glaubten daran, daß all diese großartigen Dinge nicht möglich wären ohne die lange und institutionalisierte Tradition, die Wahrheit zu respektieren und ohne die tiefsitzende Aversion gegen Ideologien.

Doch die hohen Erwartungen wurden enttäuscht, denn die Ära der Wahrheit war in Osteuropa nur von kurzer Dauer. Sehr bald war die Welt wieder verborgen hinter einer neuen ideologischen Hülle und die Menschen wurden zu Opfern eines neuen „Newspeak" mit den alten ideologischen Mystifikationen. Auch die obligatorischen Rituale der Loyalität und der Verurteilungen wurden wiederbelebt, diesmal mit einem neuen Objekt der Anbetung und neuen Feinden. Die neuen Komissare der Sprache bekamen machtvolle Vorrechte, und genau wie früher gingen die Niveaulosen auf die Jagd nach Abtrünnigen und verteufelten alles Unorthodoxe – natürlich für den Sieg des neuen Systems und des neuen Menschen. Die Medien – etwas verfeinerter als im Kommunismus – fingen an, eine ähnliche Funktion zu erfüllen: Sie standen an vorderster Front der großen Transformation und verbreiteten die Verfälschung der Sprache bis in die kleinsten Zellen der Gesellschaft.

Um eine einigermaßen zutreffende Beschreibung der Realität zu geben, muß man eine gewisse Distanz zum Objekt der Beschreibung haben. Eben diese Distanz war durch die neue Ideologie nicht mehr möglich. Denn sie transformierte die Mehrheit der Menschen – ob sie es wollten oder nicht – in Teilnehmer des Krieges, den sie selber heraufbeschworen hatte. Nicht nur wurde jeder gezwungen, sich auf die richtige Seite zu stellen, sondern auch seine Parteilichkeit dadurch zu unterstreichen, daß er die sprachlichen Rituale ohne kritische Gedanken und Zweifel vollzog. Wer im Kommunismus der reaktionären Haltung beschuldigt wurde, konnte sich nicht verteidigen, da die Beschuldigung keinen Widerspruch duldete. Wollte jemand behaupten, daß reaktionär zu sein nicht unbedingt schlecht und fortschrittlich sein nicht unbedingt gut sei, wäre das nur eine Bestätigung dafür gewesen, wie tief die betreffende Person gesunken sei. So blieb als einzige Option übrig, die Schuld zuzugeben und Selbstkritik zu üben – was auch nicht immer akzeptiert wurde.

Wenn heute jemand beschuldigt wird homophob zu sein, ist auch keine wirkungsvolle Erwiderung möglich. Sich damit zu verteidigen – egal, wie gut die Argumente auch sein mögen –, daß homosexuelle und heterosexuelle Verbindungen nicht gleich sind, bestätigt nur die Anklage, homophob zu sein. Der einzige Ausweg für den Angeklagten ist die Selbstkritik, und sollte er unvorsichtiger Weise weiter argumentieren, wird eine wütende Horde von Intellektuellen über ihn herfallen und ihn zerfleischen.

Umsichtige Menschen werden heute wie damals diese Reaktionen vorhersehen und werden es sich dreimal überlegen, etwas derart waghalsiges zu äußern. Unter den Kommunisten war die beste Taktik, zuerst den Aufbau des Sozialismus zu loben und seine Feinde zu verdammen. Dann konnte man riskieren, eine vernünftige, dennoch waghalsige These zu äußern, am besten verpackt in Zitate von Marx und Lenin. Heute ist es am besten, mit der Verurteilung der Homophobie und dem Lob der Schwulenbewegung zu beginnen, dann kann man etwas einfügen, was dem gesunden Menschenverstand entspricht, allerdings nicht ohne die Toleranz, die Menschenrechte und verschiedene Dokumente der EU und des EuGH lobend zu erwähnen. Sonst droht Ärger.

In beiden Gesellschaftsordnungen, der kommunistischen ebenso wie in der liberal-demokratischen, gab es viele Themen, die nicht diskutiert werden konnten, weil sie entweder nicht hinterfragbar schlecht oder nicht hinterfragbar gut waren. Im Kommunismus konnte über die Verdienste des Idealismus nicht diskutiert werden, weil er *per definitionem* keine hatte. Das gleiche galt für die führende Rolle der Partei, die Planwirtschaft, die gut waren, oder auf der anderen Seite die Kritik des Marxismus oder die freie Marktwirtschaft, die schlecht waren.

Die Freiheit in der liberalen Demokratie ist viel größer, doch sie schrumpft in einem erschreckenden Tempo. Mache Ansichten sind so überladen mit Werten, daß sie keine Diskussion dulden. Nur bedingungslose Bejahung oder gleichermaßen bedingungslose Verdammung sind möglich. Auf der guten Seite stehen nun Toleranz, Demokratie, Dialog und Pluralismus, auf der anderen Homophobie, Sexismus und Haßrede. Die meisten Menschen können gar nicht anders, als der Orthodoxie zu folgen und aufzupassen, was sie sagen. Die Disziplin der Sprache ist der erste Loyalitätstest. Wer die sprachliche Orthodoxie verläßt, steht am Anfang des Weges zum Bösen.

Der liberal-demokratische Mensch lebt, wie auch seine kommunistische Entsprechung, in einer Welt, die fast vollständig verpackt ist in Konventionen und Interpretationen, so, daß für inidividuelle Interpretationen kaum Raum bleibt. Er verläßt sich fast ausschließlich auf vorgefertigte Formeln, bewegt sich innerhalb von bekannten stereotypen Denkmustern und legitimiert damit seine Rolle in der Gemeinschaft. Die Ideologie, mit der er lebt, ist nicht nur eine Sammlung von Auffassungen, sondern auch ein System von zwingenden Praktiken.

Natürlich könnte man argumentieren, daß ein großer Teil der Menschheit in historischen Zeiten so gelebt und gedacht hat: Er lebte in einer Welt, die nach den Regeln interpretiert und gedacht wurde, die andere definiert haben. Aber die liberal-demokratische Gesellschaft unterscheidet sich von den traditionalistischen Gesellschaften und ist dem Sozialismus näher. Es trifft zu, daß die früheren Gemeinschaften stark durch Konventionen bestimmt waren, doch überwiegend durch Sitten und Gebräuche, nicht durch Ideologien. In der Gegenwart schwindet die Kraft der Sitten und Gebräuche, und ihre Stelle wird duch die Ideologie eingenommen. Ortega y Gasset hat richtig angemerkt, daß die Menschen früher Gebräuche, Sprichwörter und Märchen hatten, in der Gegenwart hätten sie nur Meinungen, von denen sie aufrichtig glauben, es seien ihre eigenen. Sie ahnen aber nicht, daß diese Meinungen den sie umgebenden Ideologien entspringen und nicht ihren eigenen intellektuellen Anstrengungen.

Und in Abwesenheit von Sitten und Gebräuchen und der mit ihnen in der Regel verbundenen Hierarchien sind es die Meinungen, mit denen die Menschen ihre Anwesenheit in der Welt manifestieren. Der sicherste Weg um dieses Ziel zu erreichen ist es, sich einer großen Gruppe anzuschließen, die Menschen mit der gleichen Meinung vereinigt. Selbst wenn diese Meinungen Stereotype sind, die in einer vulgären Sprache voller Banalitäten geäußert werden und ein verzerrtes Bild der Realität widerspiegeln, reicht es aus, daß genügend Menschen mit absoluter Sicherheit davon überzeugt sind, daß diese Ideen frisch und innovativ sind und von brillanten Geistern ersonnen wurden.

5.

Der Hauptgrund für die überwältigende Präsenz der Ideologie sowohl in liberal-demokratischen als auch kommunistischen Gesellschaften ist die Tatsache, daß beide Regime der Gleichheit den höchsten Wert zumessen und sie zu ihrem leitenden Prinzip gemacht haben. Beide Systeme haben soziale Hierarchien, Traditionen, Sitten und Gebräuche eliminiert, die vor ihrer Einführung existierten: der Kommunismus auf revolutionäre, die liberale Demokratie auf evolutionäre Weise.

Die Errichtung der kommunistischen Gesellschaft wurde erst möglich, nachdem die Regierung die meisten Gemeinschaften und sozialen Strukturen brutal und planmäßig zerstört hatte. Die Klassen wurden beseitigt, um die neue klassenlose Gesellschaft zu erschaffen. Das bedeutete praktisch die Zerstörung des gesamten gesellschaftlichen Gewebes – der Gemeinschaften, Organisationen und Institutionen. Außer der Katholischen Kirche überlebte in Polen keine einzige Institution diesen Kahlschlag, auch weil frühere Strukturen wie Schulen und Universitäten nur noch dem Namen nach identisch waren; in Wirklichkeit hatte sich ihre Substanz verändert.

In der neuen Gesellschaft wurden alle Menschen zu Genossen oder Bürgern, die den gleichen Status genossen und die gleiche Leidenschaft für das Gedeihen des Kommunismus zeigten. Die Gleichheit wurde von der Kommunistischen Partei überwacht und gesichert, ihre Ableger und Vertreter waren in fast allen, selbst in den kleinsten Segmenten der Gesellschaft präsent. Neben der technokratischen Hierarchie existierte ein paralleles Netzwerk der kommunistischen Komitees und Apparatschiks, die die Einhaltung der ideologischen Disziplin kontrollierten und durchsetzten.

Man könnte nun sicherlich einwenden, daß der Kommunismus gar nicht egalitär war, sondern im Gegenteil, eine eklatante Ungleichheit wie selten zuvor hergestellt hat. Ein Parteimitglied hatte einen viel höheren Status als ein einfacher Bürger, und Parteiführer genossen Privilegien, die für einfache Arbeiter unerreichbar waren. Doch Egalitarismus und Despotismus schließen einander nicht aus, sie gehen in der Regel sogar Hand in Hand. Gleichheit lädt Despotismus in einem gewissen Maße sogar geradezu ein: Um alle gleich zu machen und diese Gleichheit für einen längeren Zeitraum aufrechtzuerhalten ist es notwendig, die Kontrollinstanzen mit außergewöhnlicher Macht auszustatten. Manche nennen das das Paradoxon der Gleichheit: Je mehr Gleichheit man erreichen will, umso mehr Macht muß man haben, und je mehr Macht man hat, umso mehr wird das Prinzip der Gleichheit verletzt.

Doch der wesentliche Zusammenhang zwischen Gleichheit und Despotismus im Kommunismus war von anderer Art. In zerfallenden Gesellschaften, deren soziales Gewebe zerstört ist, ist politische Macht die einzige organisierende Kraft. Diese Macht trifft auf keinen nennenswerten Widerstand, da alle Formen, in denen sich eine Gesellschaft normalerweise organisiert, ausgelöscht wurden. Es gibt keine traditionellen Hierarchien, keine spontan entstehenden Gemeinschaften, keine historisch verwurzelten Institutionen. Wenn nicht kontrolliert wird, hat die Zunahme des Despotismus keine Grenzen. Das ist der Grund, warum Despotismus in traditionell strukturierten Gesellschaften nie besonders wirksam war. Denn dort hat jede Gruppe, auch die an der untersten Stufe der sozialen Hierarchie, eine beachtliche Autonomie, mit eigenen Codes, Hierarchien und Regeln. Wo es diese Gruppen nicht gibt und Differenzierung innerhalb der Gesellschaft verloren gegangen ist, das heißt, ein politisches Vakuum existiert, ist die despotische Macht die einzige Form der Kontrolle. Jedoch um wirklich effektiv zu sein, braucht die despotische Kontrolle mehr als Terror und Einschüchterung: Sie muß den Menschen, denen sie ihre alte soziale Umgebung genommen hat, eine neue Identität, ein neues Gefühl der Zugehörigkeit bieten. Und genau das ist die Aufgabe der Ideologie.

Die kommunistischen Gesellschaften waren niemals vollständig egalitär. In einem Land wie Polen gab es in den ersten zehn Jahren der kommunistischen Herrschaft mit Ausnahme der Katholischen Kirche keine einzige Institution, die so weit unberührt geblieben wäre, daß sie eine schützende Barriere gegen den Despotismus hätte errichten können. Später wurden einige alte Strukturen teilweise wiederbelebt, aber der Eroberungsfeldzug des Egalitarismus wurde akzeptiert und als unwiderruflich erachtet. Die Gesellschaft hatte offensichtlich akzeptiert, daß Gleichheit an und für sich eine gute Sache sei, und obwohl die Mittel der Kommunisten verwerflich waren – am Ende wurde das Land in die richtige Richtung gedrängt. Die Gebildeten argumentierten, daß Gleichheit der Moderne entspräche, und deshalb dienten die Kommunisten bei aller Verwerflichkeit ihres Tuns der Sache der Modernisierung. Im Lichte dieser Logik erschien das, was man früher für Barbarei hielt, als Geburtswehen der neuen Gesellschaft und das Argument fand Eingang in die moderne Rationalität. Die Metapher über die Geburtswehen hatte noch eine weitere Implikation: Sie beinhaltete die Annahme, der Weg zu immer mehr Gleichheit führe nur in eine Richtung, und die Hierarchien, die einmal abgerissen wurden, konnten nicht wieder hergestellt werden.

Auch wenn viele Witze über die egalitäre Ideologie des Kommunismus gerissen wurden, es kam doch nie der Gedanke auf, daß an der Verknüpfung von Modernisierung und Egalitarismus etwas falsch sein könnte. Es wurde nicht angezweifelt, daß Egalitarismus der übergeordnete Wert sei, und daß diese Ideologie in kostspielige Konflikte mit Gerechtigkeit, Freiheit, Tugend, Schönheit und andere grundlegende Werte geraten könnte. Der Wert der Gleichheit wurde nicht nur nicht angezweifelt, es zeigte sich sogar, daß sie als ethisches Ideal und als Schlagwort besonders attraktiv war. Niemand besaß die Legitimation, dem Gebot der Gleichheit zu widersprechen, denn hinter keinem anderen Gebot stand die Autorität von Geschichte, Ethik und gesundem Menschenverstand. Der Vorschlag, die Gesellschaft sollte entlang von anderen Kriterien als der Gleichheit organisiert werden, schien absurd. Als man dann anfing, den kommunistischen Staat zu kritisieren, war es ganz selbstverständlich, daß die beste Plattform, von der aus das geschehen konnte, die Gleichheit war. Denn schließlich versagte doch der Kommunismus – aus nie wirklich geklärten Gründen – bei der Verwirklichung dieses wichtigsten Wertes, dessen Verkörperung er war.

Doch der Egalitarismus war nicht nur der überragende Wert des Kommunismus. Auch die liberalen Theorien, vor allem jene, die von einem Konzept des Naturzustandes ausgingen, nahmen die ursprüngliche Gleichheit der Menschen an. Von hier aus gesehen, waren alle sozialen Hierarchien problematisch, weil sie offensichtlich nicht natürlich waren. Und weil „nicht natürlich" bedeutete, daß sie menschliche Konstrukte waren, war auch – nach liberaler Auffassung – nichts Sakrosanktes an ihnen. Sie konnten andere Formen annehmen, verbessert, oder, wenn nötig, ganz aufgehoben werden. Alle existierenden Ungleichheiten müssen deshalb eine ausdrückliche Begründung haben, denn sonst gibt es keinen Grund, sie zu tolerieren. Der klassische Liberalismus hatte eine klare antiroyalistische Haltung der erblichen Monarchie und den ständischen Institutionen gegenüber, die, weil sie unter mysteriösen Umständen in alten Zeiten entstanden waren, angeblich auf „Mystifikationen" gründeten. Die Strategie der Entlarvung von Institutionen, die, so wurde behauptet, von der Geschichte geadelt wurden, weitete man auf andere Hierarchien wie Familien, Schulen und Kirchen aus, in denen man, sofern man Anhänger des Konzepts des Naturzustandes war, auch Varianten des Monarchismus sehen konnte. Wenn man also annahm, daß ursprünglich – was das Wort auch immer bedeuten mag – alle gleich waren und die Ungleichheiten erst im Laufe der Geschichte auftraten, dann mußten sie das Ergebnis von Enteignung, Betrug, Eroberung oder anderen ähnlichen Gründen sein.

Egalitäre Gesellschaften haben eine immanente Anfälligkeit für Ideologien, und das aus mindestens zwei Gründen. Erstens geht der Wunsch nach Gleichheit Hand in Hand mit einem allgemeinen Mißtrauen gegenüber sozialen und politischen Vereinbarungen, denn sie könnten bei genauem Hinsehen dem Standard nicht entsprechen. Dieses Mißtrauen kann verschiedene Formen annehmen. Wenn es jemand geschafft hat, an die Spitze der Hierarchie zu gelangen, egal, ob er die vereinbarten Regeln eingehalten hat oder nicht, wird er von jenen argwöhnisch beäugt, die unter ihm stehen, aber gerne seinen Platz einnehmen würden, nicht etwa aus der Logik des Wettbewerbs heraus, sondern weil die Tatsache, daß jemand an der Spitze steht, die egalitären Gefühle aller anderen verletzt. „Warum er und nicht ich?" wird eine für die Gleichheit empfindliche Person fragen.

Der Verdacht, daß die ungleiche Verteilung der Macht unmoralisch und illegitim ist, wächst mit den immer neuen Siegen des Egalitarismus, und so hat der Kampf um die Gleichheit nie ein Ende. Gleichheit ist ein Monster mit unstillbarem Appetit: Je mehr es gegessen hat, umso hungriger wird es. Auch wenn die Menschen vor dem Recht gleich sind, wird das die Sorgen des überzeugten Egalitariers nicht zerstreuen, denn, so wird er argumentieren, dieses Prinzip sei zu abstrakt, um für alle Fälle ausreichend zu sein. Andere Typen von Ungleichheit existierten fort und könnten nicht toleriert werden. Alsbald wendet sich das Mißtrauen gegen den menschlichen Geist und das Denken, weil sie der Ort sind, wo die Akzeptanz der Ungleichheiten entsteht. Danach dauert es nicht mehr lange, bevor die egalitäre Ideologie anfängt, sich gegen die Bildung zu richten, wo der Geist geformt wird, gegen die Familie und die Gemeinschaften, wo die Gedanken ihre soziale Fundierung erhalten, und schließlich gegen die Kunst, die Sprache und die Wissenschaft, wo die Ideen der Ungleichheit ihre Verfeinerung erfahren.

Es gibt einen zweiten Grund, warum egalitäre Gesellschaften solch eine Affinität zu Ideologien haben. In dieser Hinsicht ist die Erfahrung des Kommunismus ebenfalls erhellend. Obwohl die Kommunisten viele Identitäten, die sich über Jahrhunderte entwickelt hatten, zerstört haben, wußten sie sehr wohl, daß der Wunsch, irgendwo hinzugehören, tief in die menschliche Natur eingebettet ist, und daß die entstandende Lücke deshalb mit einer neuen Identität gefüllt werden muß. Den atomisierten und entwurzelten Menschen eine neue Identität überzustülpen erwies sich als schwieriger als sie dachten, aber sie errangen dabei einige Erfolge. Für viele reichte die neue kommunistische Identität – wie primitiv sie auch immer war – aus, um die verlorene Zugehörigkeit zu ersetzen, und sie erwies sich stark genug, um Millionen von Anhängern des Kommunismus zu erschaffen.

Diejenigen, die mit Hoffnungen oder aus Verzweiflung die alte Heimat verließen und die neue bereitwillig annahmen, eigneten sich in kurzer Zeit die Regeln, die Sprache, den moralischen Code und die absurde Mythologie des politischen Systems an. Den Erfordernissen der Ideologie entsprechend, haben sie schnell begriffen, daß sie gleichzeitig mißtrauisch und begeistert sein, alle Verbindungen zur Tradition lösen und die Leere in ihren Seelen mit dem sozialistischen Glauben füllen mußten.

Tocqueville beschrieb auf brillante Weise die ideologischen Bedürfnisse des demokratischen Menschen. Er war vielleicht der erste, der entdeckte, wie sehr dieses relativ einfache, pragmatische Wesen, frei von unpraktischem Größenwahn und effizient in seinen Aktivitäten, eine allgemeine Konzeption braucht. Dieses Bedürfnis sei typisch für egalitäre Gesellschaften, in denen die Menschen eher undifferenziert und kaum von einander unterscheidbar sind, weil sie in ähnlicher Weise denken und komplexe soziale Vereinbarungen und intellektuelle Mehrdeutigkeiten nicht gewohnt sind. Sie wollen nicht mit den Details und Feinheiten der sie umgebenden Realität behelligt werden. Sie haben keine Zeit für komplizierte intellektuelle Operationen und haben kein Interesse, ihren Intellekt zu kultivieren. Aber sie bedürfen eines allgemeinen Bildes der Welt, nicht nur, um ihr philosophisches Selbstvertrauen zu stärken, sondern auch um eine letztendliche Rechtfertigung für ihre Entscheidungen und Überzeugungen zu haben. Das ist der Weg, wie der demokratische Mensch sich alsbald in eine Spiegelung der sozialen Gruppe, in der lebt, verwandelt, und immer tiefer im Konformismus und in der Anonymität versinkt.

Die Entwicklung der liberalen Demokratie bestätigt Tocquevilles Diagnose. Weil der Egalitarismus die Gemeinschaften schwächt und so die Menschen ihrer Identität verleihenden Behausungen beraubt, schafft er um sie ein Vakuum. Die Sehnsucht nach einer neuen Identität wächst, nach einer Identität, die modern ist und dem Geist des militanten Egalitarismus entspricht. Die Ideologie erfüllt diese Aufgabe perfekt. Sie organisiert das Bewußtsein, indem sie den Menschen den Sinn des Lebens, individuelle und kollektive Zielsetzungen, Inspiration für zukünftige Unternehmungen und ein Gefühl von Zugehörigkeit liefert. Mit der Machtergreifung der Ideologie hört das Problem des einsamen Individuums in einer egalitären Gesellschaft auf zu existieren. Der Feminismus verwandelt alle Frauen in Schwestern, alle Umweltschützer werden Teil einer internationalen grünen Bewegung, alle Kämpfer für Toleranz schließen sich zum globalen antifaschistischen Kampf zusammen, und so weiter. Sobald sich der Mensch einer ideologischen Gruppe angeschlossen hat, wird ihm alles klar und alle Teile fügen sich zu einem sinnvollen Ganzen, alles wird entweder richtig oder falsch. Und diese Auffassungen ändern bald den Menschen selbst.

Wie im Kommunismus wird auch in der liberalen Demokratie durch die Ideologie die gesamte individuelle und kollektive Existenz in richtig und falsch aufgeteilt, die Menschen werden aufgefordert, für das eine und gegen das andere zu sein, wenn auch nicht in Taten, dann doch in Worten. In früheren Gesellschaften mit reichen inneren Strukturen konnte ein Individuum unterschiedliche Loyalitäten haben. In ideologischen Gesellschaften kann es keine geteilten Loyalitäten geben, und sollten sie doch existieren, werden sie als Symptome einer tödlichen Krankheit gesehen.

Es bedarf keines besonderen Scharfsinnes um die Ähnlichkeit zwischen einem kommunistischen Aktivisten und andrerseits einem Feministen, einem homosexuellen Aktivisten oder einem durchschnittlichen linksliberalen Intellektuellen wahrzunehmen. Ihre Meinungen haben die gleiche ermüdende Voraussagbarkeit, ihre Argumente beruhen auf ähnlichen groben Syllogismen und ihre Haltungen sind vom gleichen Dogmatismus, eifernd und unberührt von Beweisen und Zeugnissen von anderer Seite. Auf beiden Seiten sehen wir auch was die Marxisten die Einheit von Theorie und Praxis nennen, was im Klartext die vollkommene Unterordnung des Denkens unter die ideologischen Vorgaben der politischen Aktion bedeutet.

Kommunismus und liberale Demokratie teilen auch ihre Abneigung – die manchmal an Haß grenzt – gegenüber den gleichen Feinden: Kirche und Religion, Nation, die klassische Metaphysik, der moralische Konservativismus und die Familie. Beide Seiten sehnen sich so sehr nach einer neuen Welt, daß sie nicht zögern, die Totalität des Lebens zu kontrollieren, die persönlichsten und intimsten mit inbegriffen. Beide waren politisch erfolgreich und übernahmen die Institutionen und sogar etwas so schwer faßbares wie die Herrschaft über die politische Atmosphäre. Auch wenn über beide Systeme viele Witze gemacht werden, haben die Menschen das Gefühl, daß es gefährlich sein könnte, den Trägern der wahren Ideologie zu widersprechen. Und nicht zuletzt haben beide Seiten spektakuläre Siege unter den Intellektuellen und Künstlern errungen, was besonders rätselhaft ist, denn man könnte meinen, daß gerade diese Menschen mit ihren Talenten die ersten sein würden, einen solchen Primitivismus zurückzuweisen.

6.

Der Zusammenbruch des Kommunismus hatte einen beachtlichen Anteil daran, die liberal-demokratische Ideologie unangreifbar zu machen. Das Ende des Kalten Krieges erhielt unverzüglich eine eindeutige Interpretation, der niemand zu widersprechen wagte – obwohl sie offenkundig falsch war. Sie ging so: Der sowjetische Kommunismus, der viele Länder unterjocht hatte, wurde am Ende vom Westen besiegt, der die Kräfte der Freiheit und der Demokratie repräsentiert. Millionen Menschen wurden so dazu gebracht, das Image der liberalen Demokratie als die Essenz der westlichen Zivilisation zu verstehen. Diese moralische und politische Macht, die Verkörperung ewiger Ideale, erwies sich stärker als das große totalitäre Imperium. Dessen Völker hätten nun die demokratischen Werte für sich erobert und ihre lang ersehnte Vision von Pluralismus und Toleranz verwirklicht.

Dieses Bild ist vollständig falsch. Erstens hat der liberal-demokratische Westen die Sowjetunion nicht bekämpft, und hatte – mit wenigen Ausnahmen – auch niemals die Intention, dies zu tun. Die allgemeine Strategie der westlichen Länder bestand darin, gute Beziehungen zur Sowjetunion zu pflegen, selbst wenn dies einen ziemlich hohen Preis verlangte. Sie anerkannten, daß das Imperium eine Schlüsselmacht der Weltpolitik und des politischen Gleichgewichts in Europa sei. Trotz des hin und wieder stattfindenden Schlagabtausches mit der Sowjetmacht, hatten die westeuropäischen Regierungen – egal, ob sie rechts oder links standen – gemischte Gefühle über die antikommunistischen Bewegungen in den Ostblockländern und waren weit davon entfernt, ihnen jene Unterstützung zukommen zu lassen, die sie verdient hätten. Die demokratischen Bewegungen der Osteuropäer bedeuteten die Gefahr der Destabilisierung, die manchmal das Potenzial hatten, in Europa einen internationalen Konflikt heraufzubeschwören. Die Sowjetunion war bereit, ihre Interessen militärisch zu verteidigen wie in Ungarn 1956 und in der Tschechoslowakei 1968. Die westlichen Mächte waren sich dessen bewußt und konnten nichts tun. Deshalb war es für sie selbstverständlich, solche Konflikte zu vermeiden und die osteuropäischen Dissidenten nicht allzu sehr zu ermutigen. Sie hofften darauf, daß sich das kommunistische System stabilisieren und die Herrschaft der Sowjetunion über ihre Satelliten als dauerhaft erweisen würde. Dieses Szenario war viel verlockender als der Aufruhr für Demokratie, Menschenrechte oder andere vom Westen für heilig erklärte Prinzipien. Die scharfe Rhetorik und die offene antisowjetische Politik der Vereinigten Staaten irritierte die europäischen Politiker, die die Haltung der Amerikaner für unreif hielten. Wenn man die Rolle der Vereinigten Staaten aus der Geschichte der letzten sechzig Jahre wegdenkt und den Kommunismus allein unter dem Gesichtspunkt der sowjetisch-westeuropäischen Beziehungen betrachtet, dann müßte man zum Schluß kommen, daß der Kommunismus weiter blühen und gedeihen und Polen heute noch Volksrepublik heißen würde. Europa wollte nie den Kalten Krieg führen und ihn noch weniger gewinnen.

Die Annäherung zwischen den beiden Teilen Europas fand unter großer Zustimmung der westlichen politischen Elite statt, und sie war einfach und bequem für die westlichen Gesellschaften. Von manchen kommunistischen Führern glaubte man, daß sie versöhnliche Eigenschaften hätten – Andropow liebte Whiskey,

Gierek sprach französisch, Kádár war ein einfacher, volkstümlicher Mann. Die regimekritischen Bewegungen dagegen schienen weniger vertrauenswürdig, insbesondere jene, die zu konservativ und zu antikommunistisch waren. Es war von Anfang an sichtbar, daß jene antikommunistischen Kräfte, die den westlichen Linken näher standen, die größeren Sympathien und mehr Unterstützung vom Westen erhielten.

Vom Gesichtspunkt der in westlichen Gesellschaften vorherrschenden Ideologie hatte der Kommunismus kein positives Image. Aber er rief niemals die gleiche Ablehnung hervor, wie der Faschismus, der als das ultimative Böse fast diabolischen Charakter bekam und immer auf der Seite der politisch Rechten verortet wurde. Der Antikommunismus bekam deshalb nie die gleiche Anerkennung wie der Antifaschismus. Noch schlimmer: Er wurde niemals besonders respektiert, weder in Amerika noch in Westeuropa, und nach dem Fall des alten Regimes selbst in Osteuropa nicht. Die osteuropäischen liberalen Demokraten spürten vielleicht intuitiv, daß sie mehr mit den Kommunisten als mit Antikommunisten verband. Nach 1989 war es offensichtlich, was die westliche öffentliche Meinung verlangte. So ist es kein Wunder, daß in dem Augenblick, in dem das kommunistische System zusammenbrach, die Anti-Antikommunisten und die liberalen Demokraten sofort anfingen, den Sieg im Kalten Krieg für sich zu reklamieren, obwohl sie vorher alles getan hatten, diesen Krieg zu vermeiden und pathetisch für Appeasement zu werben.

Hinzu kam, daß nachdem die kommunistischen Regime zusammenbrachen, die postkommunistischen Führer und Funktionäre vom Westen begeistert aufgenommen wurden, ganz im Gegensatz zu den Antikommunisten, die weit weniger freundlich behandelt wurden. Keine der postkommunistischen Regierungen, egal wie schlimm sie waren, wurde von der Europäischen Union verurteilt, während die antikommunistischen Regierungen – wie die polnische PiS und die ungarische Fidesz – wütend attackiert wurden. Bis zum heutigen Tag stehen die früheren und gegenwärtigen Kommunisten unter dem Schutz der EU und des politischen Mainstreams, den sie repräsentiert.

Dieses falsche Image der oppositionellen Gruppen in den kommunistischen Ländern wurde zu einer nicht angezweifelten Weisheit. Es war auch ein Körnchen Wahrheit in dieser Kategorisierung. Die Gruppen, die traditionell als „demokratische Opposition“ bezeichnet wurden, strebten nach einem Mehrparteiensystem und nach freien Wahlen. Wenn Demokratie aber für das Mehrparteiensystem und für freie Wahlen steht, dann waren alle Oppositionellen Demokraten. Aber viele unter ihnen waren keine Demokraten im heute üblichen Sinne des Wortes. Sie waren sicherlich nicht damit einverstanden, daß die ganze Gesellschaft mit allen ihren Segmenten demokratisiert wird, und viele sehen die Verwandlung in die heutigen liberal-demokratischen Gesellschaften mit einer Mischung aus Entsetzen und Abscheu.

Die andere Kategorie, mit der die Regimegegner definiert wurden, waren die Menschenrechte. Sie wurden in der Regel als Kämpfer für die Menschenrechte bezeichnet, was in einem engen, und oft irreführendem Sinn auch wahr war. Es stimmt, daß sie für Freiheit, für verschiedene Freiheiten gekämpft hatten, die man zu Recht als Menschenrechte bezeichnen kann. Doch nicht im Sinne der „Allgemeinen Erklärung“ oder irgendeiner rechtlichen Festlegung, sondern in einem viel grundsätzlicheren Sinne. Die Opposition hatte keine Probleme damit, diesen Ausdruck zu benutzen, weil sie so eine stärkere legale Begründung für ihre Aktionen hatten, und eine wirksamere Kommunikation mit der westlichen öffentlichen Meinung erreichen konnten. Aber auch in dieser Hinsicht war sie meilenweit davon entfernt, was heute unter dem Stichwort Menschenrechte verstanden wird.

Die Werte, die den Regimegegnern den stärksten Impetus im Widerstand gegen die unangreifbar erscheinende kommunistischen Macht verliehen, hatten herzlich wenig mit der liberalen Demokratie zu tun: Es waren der Patriotismus, der neu erwachte Wunsch nach Wahrheit und Gerechtigkeit, die Loyalität zur nationalen Tradition und ein Faktor von überragender Wichtigkeit: die Religion. Freie Wahlen und das Mehrparteiensystem waren Mechanismen, aber der massive Widerstand hatte nicht allein diese Mechanismen zum Ziel. Das Ziel waren die Ideen, denen diese Mechanismen dienen könnten, die abgeleitet waren aus den Erfahrungen der Nation und in manchen Fällen aus jenen der religiösen Gemeinschaft. Sie hatten auf jeden Fall nichts mit dem Recht auf demokratische Schulen zu tun, auf die Verfolgung von Haßreden, oder auf Abtreibungen von Jugendlichen ohne die Erlaubnis der Eltern. Die polnische Solidariność-Bewegung wäre ohne die starken patriotischen und religiösen Überzeugungen ihrer Mitglieder nicht möglich gewesen. Das befähigte die Polen, sich bewußt zu werden, warum sie diesen Aufstand führen mußten: unter anderem gegen die Verachtung der Institutionen, der Gesetze, der Normen und der Sitten durch das Regime. Freiheit bedeutete für diese Menschen nicht, daß sie sich eine neue Regierung wünschten, die Institutionen, Recht, Normen und Sitten nun ihrerseits dem *social engineering* unterwerfen würde. Doch genau das war passiert, als das kommunistische Regime durch ein liberal-demokratisches ersetzt wurde.

Traurige Tatsache ist, daß die nüchterne, von Erfahrung und Rationalität untermauerte Entscheidung gegen Ideologien nicht gefestigt genug war, um dem Druck der neuen Ideologie dauerhaft widerstehen zu können. Der Sieg über die alte Ideologie gehörte nicht mehr jenen, die sie erkämpft haben, sondern der neuen Ideologie. Und bald stellte es sich heraus, daß der wirkliche Sieger noch viel eindeutiger bestimmt werden konnte. Wenn man heute die Propagandamaterialen der Europäischen Union sichtet, wird man feststellen können, daß die tatsächliche Zielsetzung der Regimegegner offenbar einzig die europäische Integration und die Mitgliedschaft in der damals noch nicht existenten Europäischen Union war.

Der faszinierende Propaganda-Erfolg dieser falschen Interpretation hatte einige unangenehme Folgen. Eine unter ihnen war die weit verbreitete Praxis, die Geschichte umzuschreiben und die Stereotypen der Gegenwart in die Vergangenheit zu projizieren. Die alten Ideen verschwanden langsam, unberechtigt und vorschnell verlassen von ihren früheren Anhängern. Manche früheren Oppositionelle schämten sich dessen, woran sie in der Vergangenheit geglaubt hatten, weil ihre alten Ideen so wenig der neuen Modernität entsprachen. Selbst wenn sie noch stolz auf ihre Taten waren, so wurden sie nun neu begründet, denn die alten Gründe verloren ihre Anziehungskraft.

Auch wurde das politische Drama, das schließlich mit dem Zusammenbruch des *ancien régime* geendet hat, neu interpretiert. Die alten Narrative über das Erwachen der nationalen und religiösen Identität, ausgelöst durch historische Umstände und machtvolle Persönlichkeiten, wie Papst Johannes Paul II., wurden durch neue ersetzt. Demnach fand ein Kampf zwischen den Kräften des Lichts und der Dunkelheit statt, eine Dichotomie von vielen Erscheinungsformen wie Fortschritt gegen Reaktion, Nationalismus gegen Demokratie, Liberalismus gegen Autoritarismus. Wie auch immer: Eine wachsende Zahl von Menschen fing an zu glauben, daß die wahre Opposition, die die kommunistische Herrschaft besiegt hatte, eine pro-europäische war. Sie allein wurde in den europäischen Salons gefeiert, weil diese Gruppe zusammen mit Gorbatschow, den Reformflügeln der Kommunistischen Parteien, den europäischen Institutionen, den westlichen Regierungen und der aufgeklärten europäischen Öffentlichkeit gemeinsam Europa weitergebracht hätten, in Richtung einer tieferen Vereinigung, hin zu mehr Pluralismus und Toleranz.

KAPITEL 5

Religion

1.

Für die kommunistischen Ideologen war die Religion ein dringendes Problem. Marx haßte Religion aus tiefster Überzeugung. Zugleich distanzierte er sich von Kritikern wie Ludwig Feuerbach, deren Kritik er für zu roh hielt. Er nahm an, daß die Religion eines nicht fernen Tages aufhören würde zu existieren, da sie mit der Vollendung der menschlichen Entwicklung nicht mehr benötigt werde. Wenn es so weit wäre, am Höhepunkt der Humanität, würde der Mensch zum richtigen Objekt der Anbetung werden.

Marxens Haltung zeigt die Gefühle, die Sozialisten und Kommunisten gegenüber der Religion hegten: auf der einen Seite eine grundsätzliche Feindseligkeit, oft begleitet durch eine fast sadistische Sehnsucht nach einer Welt, in der die Religion spurlos ausgelöscht würde; und auf der anderen Seite den Wunsch, der Sozialismus möge die wahre Form der Religion werden, die in ebensolcher Weise die der menschlichen Natur innewohnenden Bedürfnisse, Träume und Wünsche befriedigen würde wie die Religion. Das Problem mit der Religion sei – sagten die Kommunisten – daß sie die Bedürfnisse, Träume und Wünsche in einer perversen Art und Weise befriedige, indem sie die Menschen veranlasse Ziele zu verfolgen, die nicht die ihren seinen, sondern ihnen und der ganzen Gesellschaft durch ideologische Manipulation aufoktroyiert würden. Sozialisten und Kommunisten beneideten die mobilisierende Kraft des Glaubens und hofften, daß ihre Ideologie eines Tages die gleiche Herrschaft über die Herzen der Menschen werde ausüben können.

Doch der ursprüngliche Plan, die Anbetung Gottes durch die Anbetung des Menschen zu ersetzen, verschwand allmählich im Nebel der Zukunft. Während ihrer ganzen Geschichte hörten die Kommunisten nicht auf, einen Krieg gegen Religion, Religiosität, religiösen Aberglauben, klerikalen Obskurantismus und gegen eine ganz besonders verwerfliche Institution, die Katholische Kirche zu führen. Der Krieg war brutal, oft mörderisch. Die Kommunisten sahen in der Kirche und dem Christentum – berechtigter Weise – die stärksten Barrieren, die die Nation vor dem Regime und seiner Ideologie beschützen konnten. Sie wußten, daß ihre Macht nicht sicher war, so lange sie die Christen nicht vollständig unterworfen hätten. In Polen war die stark empfundene Treue zur Katholischen Kirche der Grund dafür, daß so viele der Versuchung widerstanden, ihre Seelen dem kommunistischen Regime zu verkaufen.

Auch wenn er am Ende besiegt wurde, hatte der Kommunismus doch Erfolge in einigen Bereichen zu verzeichnen, unter anderem, indem er die antireligiösen Kräfte gestärkt hatte. Er lieferte zusätzlichen Brennstoff für die antichristlichen, vor allem die antikatholischen Bewegungen, die schon lange in der europäischen Tradition präsent waren. Dies galt auch für Polen, obwohl es dort, trotz der machtvollen Propagandainstrumente, niemals gelungen war, die katholische Überzeugung der Bevölkerungsmehrheit auszulöschen. Die größten Erfolge hatte die antikatholische Propaganda unter den gebildeten Schichten, vor allem unter Intellektuellen, die die alten, säkularen Stereotypen übernommen und sogar die brutalsten Akte gegen Katholiken und die Katholische Kirche unterstützt hatten. Es existiert ein allgemein bekannter Brief von führenden polnischen Intellektuellen und Schriftstellern aus den 50er Jahren, in dem sie Priester aus Krakau verurteilen, die von den Kommunisten beschuldigt wurden, für den Vatikan und Amerika zu spionieren. Die Anklage war unsinnig, die Strafen jedoch drakonisch. Es mag sein, daß die Unterzeichner betrogen wurden oder sich selbst betrogen. Tatsache ist, daß sich die Unterzeichner, daunter die Nobelpreisträgerin Wisława Szymborska und der weltberühmte Dramatiker Sławomir Mrożek, keiner moralischen Selbstanalyse unterzogen.

Wer im Kommunismus gegen die Religion und das Christentum war, dem wurde Fortschrittlichkeit bescheinigt und erhielt das Etikett, aufgeklärt und ein guter Genosse zu sein. Kein Kommunist zweifelte daran, daß der Agnostizismus und der Atheismus zur Fortsetzung der aufgeklärtesten europäischen Traditionen gehöre. Die Parteiintellektuellen überzeugten sich durch Angst, Ignoranz und Selbstbetrug, daß ihre erniedrigende Unterwürfigkeit eine modernisierte Version des Voltaireschen Gedankengutes sei.

Der christliche Glaube hat die Gläubigen nicht immun gegen die kommunistischen Versuchungen gemacht. Es gab im Christentum lange Zeit eine Tendenz zur unterwürfigen Haltung gegenüber Kommunismus und Sozialismus, wahrscheinlich weil man die gleichen starken antikapitalistischen Gefühle teilte. Manche Christen glaubten, daß sowohl das Christentum als auch der Sozialismus den gleichen moralischen Wurzeln entstammten – eine Ansicht, die von den säkularen Linken nie geteilt wurde. Sowohl Katholiken als auch Protestanten – und oft auch ihre größten Theologen – wurden zeitweise Opfer dieser irrigen Auffassung, so wie z. B. Karl Barth, Paul Tillich und Jacques Maritain. Manche unter ihnen, wie Emmanuel Mounier, gingen noch weiter, unterstützten offen den Kommunismus und wurden zu Trittbrettfahrern der Sowjetunion. Tausende Priester der katholischen und der christlich-orthodoxen Kirche unterstützten das System treu und ergeben. Hewlett Johnson, anglikanischer Dekan von Canterbury, war eine Marionette Stalins und beteiligte sich an Propagandaveranstaltungen, die von der sowjetischen Kommunistischen Partei organisiert wurden.

In Polen wurde die katholische Kirche von vielen Priestern von innen sabotiert. Die kommunistischen Behörden nannten sie in ihrer lügnerischen Sprache „patriotische Priester“. Als der Terror und die Heftigkeit der Indoktrination nachließen, probierten die Kommunisten eine neue Strategie. Sie lockten eine größere Gruppe von Katholiken ins System, die nicht nur aus Verrätern und pathologischen Opportunisten bestand. Sie erlaubten sogar einer kleinen katholischen Partei, im Parlament präsent zu sein, was viele als ein Zeichen einer evolutionären Entwicklung zum Besseren hin interpretierten. Gleich nach dem Tauwetter 1956 neigte das polnische Episkopat zur Unterstützung der kommunistischen Reformpolitik. Die Regierung gab die Erlaubnis, einige katholische quasi-unabhängige Vereinigungen zu gründen. Doch bald wurde klar, daß keine weiteren Veränderungen folgen, und keine größere Pluralität geduldet würde. Doch die Tür für Katholiken, die das Regime unterstützen wollten, blieb offen.

Die Kommunistische Partei ermutigte zum „Dialog zwischen Marxisten und Katholiken". Zum einen wollte sie damit beweisen, daß die Kommunisten bereit waren, mit allen Menschen guten Willens zu kooperieren. Zum anderen aber sollte die katholische Gemeinschaft gespalten und die Unversöhnlichen in die Ecke gestellt werden. Was auch immer die Zielsetzung der Propagandisten war, die simple Tatsache, daß dieser Dialog über ein Jahrzehnt lang hielt, zeigte, daß die kommunistische Ideologie durchaus wirksam war. Hinter der Entscheidung vieler katholischer Intellektueller, sich mit den Kommunisten zu unterhalten, stand so etwas wie ein praktischer Imperativ. Sie hatten das Gefühl, der Kommunismus sei unvermeidlich, allgegenwärtig und philosophisch nicht zu widerlegen, und deshalb sei es für die Katholiken dringend geboten, einen sicheren Platz zu suchen und etwas wie eine offizielle intellektuelle Legitimation zu erhalten.

Wenn wir mit dem Blick von heute diesen Dialog betrachten, so sticht das Ungleichgewicht zwischen beiden Seiten ins Auge. Es waren schwerwiegende Konzessionen nötig, um sich in der kommunistischen Realität einzurichten. Die kommunistische Seite versprach nichts und behandelte die Gegenseite herablassend. Die Katholiken machten Konzessionen: Sie lobten den Sozialismus sowohl in Theorie und Praxis und distanzierten sich von jenen Katholiken, die dies nicht taten. Sie erklärten, daß der Katholizismus viele Gemeinsamkeiten mit dem Sozialismus habe und verlangten deshalb, daß man im Sozialismus mehr auf die Kirche hören sollte. Darauf erwiderten die Kommunisten, daß sich die Kirche dessen bewußt sein sollte, daß der Sozialismus ein höherer Wert sei, und da die Kirche eine häßliche Geschichte habe, müsse sie sich mehr als alle anderen anstrengen, um das Vertrauen der sozialistischen Gesellschaft zu gewinnen.

Die katholische Kirche in Polen unter der Führung von Kardinal Stefan Wyszyński stand diesem Verhältnis überwiegend feindselig gegenüber. In seiner Ablehnung des „Dialogs" hatte Stefan Wyszyński Recht. Er vertraute den Intellektuellen nicht, und entschied sich deshalb für den Katholizismus des Volkes – für einen volkstümlichen Katholizismus sozusagen. Die Entscheidung hatte weitreichende und im Allgemeinen positive Folgen. Indem sie sich auf die ländliche Religiosität verließ, gelang es der Kirche viele soziale Praktiken und religiöse Traditionen zu bewahren, ohne daß die kommunistische Ideologie Zugang zu ihnen gehabt hätte. In Ländern, in denen es diesen Typ volkstümlichen Christentums nicht gab, oder wo es schwächer war, konnte das kommunistische System verheerender wirken und tiefer in das soziale Gewebe eindringen.

Die Entscheidung des Kardinals hatte allerdings auch negative Folgen. Zwar überlebte der polnische Katholizismus die kommunistische Ära erstaunlich gut, aber es fehlte an intellektueller Führung. Die katholische Intelligenz gehörte mehrheitlich dem sogenannten „offenen Katholizismus" an, der fast keinen Einfluß auf den Geist und die Seele der Gläubigen hatte, oder wenn doch, dann eher destruktiver Natur. Zwar gab es in den 80er Jahren eine Annäherung zwischen der Kirche und der Intelligenzia, aber sie war nur von kurzer Dauer und wiederholte sich nicht. Sie war allein der anziehenden Persönlichkeit des Karol Józef Wojtyła zuzuschreiben, der 1978 zum Papst gewählt wurde. Leider fand die Allianz noch vor dem Zusammenbruch des Kommunismus ein Ende. Interessanterweise wurde ihr Anfang und Ende vom gleichen Mann verkündet, von Adam Michnik, einem führenden regimegegnerischen Dissidenten, der jahrzehntelang der polnischen Herde unabhängiger Geister den Weg gewiesen hatte. Wenn man heute seine beiden Proklamationen, die Ankündigung und die Beendigung der *entente cordiale* mit der Kirche liest, fällt etwas auf, was damals übersehen wurde: die konsequente Einstellung gegen die Kirche und die Religion, und es wird klar, daß sein Interesse für die Kirche rein taktischer Natur war.

Infolge des Fehlens einer lebendigen katholischen Intelligenzia erwiesen sich die Einwirkungen des Kommunismus auf die polnischen Eliten dauerhafter als ursprünglich angenommen. Die antireligiöse Ideologie hinterließ dauerhafte Spuren im Geist der polnischen Akademiker, Schriftsteller und Künstler. So ist es kein Wunder, daß die antireligiöse Haltung nach dem Zusammenbruch des Regimes – diesmal in einer neuen, liberal-demokratischen Form – auf fruchtbaren Boden fiel und sich schnell unter den gebildeten Schichten ausbreitete. Noch schneller allerdings fand sie

Anerkennung unter den Halbgebildeten und eingebildeten Intellektuellen. Sie konnten nicht verstehen, daß die Kirche nicht deshalb eine so große Bedeutung unter dem Kommunismus hatte, weil sie gegen dieses besondere politische System eingestellt war, sondern weil die Kirche in fast all jenen Angelegenheiten Recht hatte, die für die Existenz einer lebensfähigen Gesellschaft entscheidend sind.

2.

Die Haltung des Liberalismus gegenüber der Religion war von Anfang an frostig, manchmal sogar feindselig. Wie die Sozialisten, so waren sich auch die Liberalen dessen bewußt, welch große ideologische Kraft die Religion hatte – auch wenn zu der Zeit der Begriff der Ideologie noch nicht geprägt war –, und dies fanden sie besorgniserregend. Die Religion verursache tiefe Spaltungen, rufe Bürgerkriege hervor und stachle die Menschen zu Gewalt gegen ihre Mitmenschen an, hieß es. Die Grundlage für diese Ansichten wie auch der allgemeine philosophische Rahmen für das klassische liberale Konzept wurde unter der Reformation geschaffen.

Etwas vereinfachend könnte man sagen, daß der Protestantismus die Religion mehr denn jemals zuvor in Richtung des Glaubens verschoben hat, so daß ihre äußerlichen Formen und ihr dogmatischer Aspekt an Bedeutung verloren. Die alte Unterscheidung von Paulus über den inneren und äußeren Menschen kehrte wieder und wurde in eine ähnliche Unterscheidung zwischen einer inneren und einer äußeren Religion übersetzt. Die innere war die richtige und wurde geschützt, die äußere von sekundärer Bedeutung und nicht schützenswert. Die äußere Form – die Traditionen und Ergänzungen – war es, die die politische Ordnung destabilisieren, verantwortungsloses Verhalten, Eifer, Fanatismus und den Wunsch hervorrufen konnte, andere zu bekehren.

Die damals geführte Kontroverse zwischen den Toleranten und Antitoleranten, das heißt, jenen, die die öffentliche Präsenz der äußeren Religion verlangten und jenen, die sie bedeutend reduzieren wollten, war zwar aufgeheizt, aber trennte die streitenden Parteien nicht dramatisch. Beide waren sich darin einig, daß die innere Religion respektiert werden müsse, denn sie sei so tief in die menschliche Seele eingebettet, daß sie jeder politischen Kontrolle unzugänglich sei, selbst unter Bedingungen äußersten Zwanges. Sie waren sich auch darin einig, daß die äußere Religion politisch gefährlich sein könnte und zweifellos die wichtigste Quelle politischer Konflikte sei. Der Hauptunterschied zwischen den beiden Parteien bestand darin, daß die Antitoleranten forderten, daß die äußere Religion der totalen Kontrolle der Regierung unterworfen werde, während die Toleranten wie John Locke der Ältere (der Jüngere gehörte zum gegnerischen Lager) der Religion eine manchmal sogar bedeutende öffentliche Präsenz erlaubten, dem Staat aber das Recht zugestanden, die religiösen Riten und Dogmen politisch zu überwachen. Wenn Riten und Dogmen den sozialen Frieden, die öffentliche Ordnung, bestehende Gesetze oder die politische Stabilität gefährden sollten, dürfe der Staat nicht zögern einzuschreiten und müsse die Gefahren beseitigen. Die Entscheidung für diese Maßnahmen wäre ein rein politischer, kein religiöser Akt. Die Entscheidung der Regierung oder ihrer Vertreter, einen Ritus oder ein Dogma zu verbieten, hätte seinen Grund nicht darin, daß sie vom religiösen Standpunkt aus falsch gewesen wären, sondern darin, daß sie praktische Konsequenzen für die Stabilität der politischen Ordnung hätten.

Es stand ein politisches Argument dahinter, Katholiken von der religiösen Toleranz auszuschließen, was ein normales Vorgehen unter protestantischen Vertretern der Toleranz war. Sie behaupteten, Katholiken könnte man wegen ihrer geteilten Loyalitäten nicht wie anderen Bürgern vertrauen: Denn einerseits gehörte ihre Loyalität ihrem Land, andererseits aber Rom. Gute Bürger jedoch hätten nur eine Loyalität, die ihrem Staat gegenüber. Diese Ansicht wurde in protestantischen Ländern weitestgehend geteilt, da man es für selbstverständlich hielt, daß die Religion keine Botschaft enthalten dürfe, die den Willen des Souveräns und den Gehorsam der Bürger außer Kraft setzen würde. Da aber die innere Religion als die wahre angesehen wurde, empfand man es nicht besonders schmerzhaft, daß dem Staat das Vorrecht zur Kontrolle der äußeren Religion zugestanden wurde.

Unabhängig davon, wie aufrichtig die Theologen der Reformation den Glauben von den Fesseln der Institutionen befreien wollten und wie ehrlich sie die Reinheit des Glaubens verteidigten:

Umfassend gesehen war das Ergebnis des Schismas ein anderes. Befreit von der Kontrolle durch Rom fiel die Religion unter die Kontrolle des Staates. Die gegenüber allen Religionen mißtrauischen Liberalen haben dem bereitwillig zugestimmt. Es wird oft behauptet, daß die Kontroverse über die Toleranz – dank der Ausdauer der Liberalen – zur Einführung des verfassungsmäßigen Prinzips der Trennung von Staat und Religion geführt habe, was dann später zu der wichtigsten Norm liberal-demokratischer Gesellschaften geworden sei. Das entspricht jedoch nicht der Wahrheit. Dieses Prinzip galt in den Vereinigten Staaten, nicht jedoch in den protestantischen Staaten Europas. In den USA verbietet der 1. Zusatzartikel zur Verfassung die Einführung einer Staatsreligion und die Bevorzugung oder Benachteiligung einzelner Religionen durch Bundesgesetz. In Großbritannien und anderen protestantischen Ländern galt das Gegenteil davon: Das Staatsoberhaupt wurde dort zum Oberhaupt der Kirche, was gleichbedeutend mit der Einführung einer Staatsreligion war.

Die Idee, daß der Staat der Aufseher aller Angelegenheiten sei, die die politische Gemeinschaft betreffen, religiöse Fragen inbegriffen, hat eine lange Tradition und ist an und für sich keine revolutionäre Entwicklung. Das Problem dabei war, daß der Staat in seinem Eifer, für Disziplin zu sorgen, zu weit gehen und versucht sein könnte, das Argument der politischen Rationalität zu benutzen, um religiöse Gruppen zu beseitigen. Der Staat würde dann unter dem Vorwand der interesselosen politischen Überwachung die Rolle der geistigen und moralischen Autorität usurpieren. Das ist in Europa wiederholt passiert, meistens in Zeiten politischer Wirren, in England wurden, nachdem Heinrich VIII. mit Rom brach, die Katholiken brutal verfolgt. In anderen Fällen verfolgte der Staat offiziell eine dem Christentum gegenüber feindliche ideologische Agenda, wie beispielsweise die Französische Nationalversammlung nach der Revolution. Die übliche Praxis war, die potentiell verdächtige Gruppe zu erniedrigen, in dem man sie zwang, Schwüre für Regelungen, die sie religiös inakzeptabel fanden, als ein Zeichen politischer Loyalität abzulegen.

Was die Trennung von Staat und Kirche betrifft, erging es den katholischen Staaten Europas viel besser als den protestantischen. Die säkulare und kirchliche Macht waren *per definitionem* von einander getrennt. Im Katholizismus ist die oberste Autorität der Kirche in den Händen des Papstes. Der Papst war unabhängig von der Macht von Kaisern, Königen und Präsidenten – zumindest theoretisch. Praktisch gab es verschiedene Beziehungen zwischen Thron und Altar, und in der langen und komplizierten Geschichte dieser Beziehungen gab es viele verschiedene Kombinationen: Angefangen von der De-facto-Subordination der einen Autorität unter die andere bis hin zur engen Kooperation zwischen den beiden, oder auch zu tiefen politischen und doktrinären Konflikten. Nachdem die Religionskriege in Europa vorbei waren, kehrte religiöser Frieden ein – bis auf die ungewöhnlichen Entwicklungen nach der Französischen Revolution. Nachdem sich die Lage stabilisiert hatte, sind die meisten Regierungen sowohl in protestantischen als auch katholischen Ländern den Weg des Ausgleichs gegangen. Sie mischten sich eher selten in religiöse Angelegenheiten ein und respektierten die Religionsfreiheit.

Dies begann sich in den vergangenen Jahrzehnten zu ändern, als sich die europäischen Regierungen auf eine ambitionierte ideologische Mission begaben. Sie begannen mit einer moralischen Gesetzgebung und der offenen Konfrontation mit den Lehren des Christentums (und auch anderer Religionen). Um ihre Politik zu rechtfertigen, benutzten sie das folgende Argument: „Wir setzen das Gesetz des Landes und die Verfassung durch – sowohl was die Abtreibung, als auch die Ehe, die Bildung, Leben und Tod angeht – und nicht die Gesetze der Religion. Was wir überwachen ist nicht die Seele der Menschen, sondern nur ihre Treue zum Gesetz und zum politischen System." Diese Offensive war so beeindruckend, daß die meisten protestantischen, aber auch einige katholische Organisationen ihr zustimmten. Jene, die zustimmten, mußten ihre Lehren den Erfordernissen des liberal-demokratischen Staates anpassen und konsequenter Weise mußten sie ihre Glaubenslehren manchmal bis zur Unkenntlichkeit revidieren. Wer das ablehnte, begab sich auf einen Kollisionskurs mit dem liberal-demokratischen Staat, und wie ihre Kritiker immer wieder behaupteten, mit der Moderne schlechthin.

Der dem Protestantismus eigene Fideismus ermutigte zur Unterordnung der äußeren Religion unter den Staat, was wiederum zu einer schrittweisen Marginalisierung des Christentums im öffentlichen Bereich führte. Die Folge war – wie nicht anders zu erwarten – eine fortschreitende Säkularisierung. In jeder hochgradig politisierten Gesellschaft – wie es die liberal-demokratische ist – verliert alles, was sich nicht legitim im politischen Raum aufhält, seine Existenzberechtigung schlechthin. Die innere Religion, die einzige Form der Religion, die einen Anspruch auf Toleranz erheben konnte, mußte irgendeine Form politischer Respektabilität finden, um einen gewissen Schutz zu behalten. Zum einen mußte jeder Verdacht zerstreut werden, daß sie den Liberalismus im Geiste der Menschen irgendwie unterminieren könnte. Zum anderen mußte sie beweisen, daß sie Menschen dazu bewegen kann, politisch sinnvolle Dinge zu tun, wie für den Frieden kämpfen und die Toleranz und die Philanthropie fördern. Das heißt, die Religion mußte unter Beweis stellen, daß sie die liberale Ordnung und den Staat dabei unterstützte, ihre Funktionen auszuüben. Im unpolitischen Sinne sollte die Religion auf die Kirchen und das innere Leben eingeschränkt werden, oder noch besser, nur auf das innere Leben und auf die Familie. Die Christen, die mit dieser Ansicht einverstanden waren, akzeptierten kampflos, daß der liberale Staat sich anmaßte, Gesetzgeber der Moral zu sein. So eroberte der Usurpator diese Macht fast unwidersprochen und mußte nicht einmal Gefangene machen.

3.

Die Theorien der Demokratie haben im Gegensatz zum Liberalismus keine kritische Haltung zur Religion – aber auch keine sehr positive. Der wichtigste Einwand gegen die Religion war, daß im demokratischen System die Unterschiede politisch definiert, das heißt, nach der Frage, wie der Staat und seine Institutionen beschaffen sein sollten, auf jeden Fall aber nicht im Sinne von Religionen. Es kann sozialistische, liberale, konservative oder monarchistische Parteien geben, nicht aber katholische, evangelische oder orthodoxe. Auch sind Parteien nicht zulässig, die auf ethnischer Herkunft oder Rasse basieren. Der demokratische Staat sollte für verschiedene ethnische Gruppen, Rassen oder Religionen Raum bieten, darf aber keine Rasse oder Religion auf Kosten anderer bevorzugen. Der demokratische Mensch ist Bürger seines Staates, und die Staatsbürgerschaft differenziert nicht zwischen Rassen, ethnischen Gruppen oder Religionen. Der Unterschied zwischen den reifen demokratischen Gesellschaften und den unreifen ist, daß sich die Menschen in den letztgenannten nicht um Parteien gruppieren, sondern um Stämme, Klans und religiöse Kulte.

Der Kern dieses Arguments ist richtig, aber allgemein formuliert kann es in die Irre führen. In der intellektuellen und politischen Geschichte Europas hat die christliche Religion in bedeutendem Maße politische Programme beeinflußt, wie die Konzepte vom Staat, die Pflichten der Bürger und die Hierarchie der politischen Zielsetzungen. Es ist deshalb durchaus legitim, von christlichem politischen Denken zu sprechen, das sich mit reichen Inhalten und diversen Implikationen seit dem Mittelalter bis in die Moderne entwickelt hat. Deshalb ist es auch offensichtlich, daß es so etwas wie christliche Parteien geben kann und tatsächlich gegeben hat, obwohl auch wahr ist, daß keine spezifische politische Systemdoktrin aus dem christlichen philosophischen und theologischen Erbe abgeleitet werden kann.

Indem das Christentum direkt oder indirekt von der Plattform des Öffentlichen entfernt wurde, fiel damit nicht nur eine Entscheidung gegen die Religion als solche und gegen das Christentum, sondern auch gegen bestimmte politische Ideen mit langer und ehrwürdiger Tradition, die durchaus eine positive Wirkung auf die institutionelle Ordnung und auf unser politisches Denken hätten haben können. Der primäre Impuls der Kritiker war eine starke antichristliche Einstellung und nicht etwa der rationale Wunsch, die Politik von ihr fremden Elementen zu bewahren. Im Liberalismus am Anfang der Moderne kamen weitere Faktoren hinzu, wie die heftige Ablehnung der mittelalterlichen scholastischen Philosophie, mit der das Christentum häufig assoziiert wurde. Mancher moderne Philosoph ging in seiner Feindseligkeit gegen das Christentum und die katholische Kirche so weit, nach einer völlig neuen theologischen Basis zu suchen, die keine Verbindung zu früheren Theorien und der klassischen Tradition hätte. Philosophen wie Thomas Hobbes und John Locke – an und für sich Christen – suchten nach einer neuen Interpretation des Christentums, die keine Verbindungen zur vorhandenen Tradition hätte, aber mit der modernen Auffassung von Rationalität vereinbar wäre. Die so transformierte und radikal verwässerte Religion sollte von allen Anachronismen befreit, dem Geschmack und den Bedürfnissen des modernen Menschen entsprechen. Die Hälfte des „Leviathan“ ist der Religion gewidmet. Während Hobbes das Christentum nicht direkt verwarf, interpretierte er es so, daß es vom modernen Menschen akzeptiert werden konnte: ohne die Last der Scholastik und bewaffnet mit den Errungenschaften der neuen Naturwissenschaften. Hobbes erklärte, was Himmel und Hölle im Lichte der Vernunft sein könnten, und welche Teile der christlichen Lehre haltbar wären und welche nicht. Lockes Sicht war ähnlich. In seinem Werk „Die Vernünftigkeit des biblischen Christentums“ zeigt er, wie die grundlegenden Lehren des Christentums interpretiert werden könnten, um sie für die Moderne zu erhalten.

Diese theoretischen Bemühungen dienten dazu, die Menschen von der Irrationalität zu befreien, die sie dazu verdammte, an Religionen, Aberglauben, Offenbarungen, Wunder, magische Riten und fantastische Geschichten über das Jenseits zu glauben, um ihre Seelen zu reinigen. All die Bemühungen verwickelten diese Denker in ein Paradoxon: Sie vermischten Zwang mit Befreiung. Sie glaubten daran, daß die Religion eine Phantasmagorie sei, die von blinden Geistern und autoritären Institutionen wie der Kirche erfunden wurde. Deshalb war der politische Zwang den Gläubigen gegenüber nicht nur ein Akt der Befreiung vom Joch der Ignoranz und Knechtschaft, sondern auch die Erweiterung ihrer Freiheit. Der politische Zwang war rational, da er sich auf selbstverständliche Ziele wie Frieden und Zusammenarbeit beschränkte, den natürlichsten Erwartungen jedes Lebewesens. Deshalb konnte jemand wie John Locke religiöse Toleranz predigen und gleichzeitig dem Staat weitgehende Rechte zur Kontrolle religiöser Praktiken und Ideen und sogar zur Anwendung von Zwang einräumen, ohne sich selbst zu widersprechen.

Jean-Jacques Rousseau hat den radikalsten Vorschlag gemacht, wie man die Religion zur Dienerin der Politik machen sollte. Nach seinem Konzept sollte die „Zivilreligion“ einen tiefen emotionalen Zusammenhang in der Gesellschaft entstehen lassen. Dieser neue Typus des Glaubens sollte alle früheren religiösen Formen ablösen, von denen er drei benennt: Die ausschließlich innere Religion, die Religion traditioneller Gesellschaften, die auf Sitten und Ritualen basiert, und schließlich das Christentum – gemeint war in erster Linie der Katholizismus, aber zum Teil auch der Protestantismus. Die neue, von ihm erfundene Religion war eine künstliche Konstruktion, die ausschließlich politischen Zwecken diente, sie nahm aber auch Elemente von verschiedenen Religionen in sich auf, so zum Beispiel die Existenz einer machtvollen und mitfühlenden Göttlichkeit, die heiligen Gesetze, die Existenz des Jenseits, in dem die Rechtschaffenen belohnt, die Bösen bestraft werden. Die Funktion der Zivilreligion ähnelte einer Ideologie, die einer Gesellschaft, die ihrer alten Loyalitäten beraubt wurde, eine neue Identität und ein neues Gefühl der Zugehörigkeit verleihen sollte. Das Aufzwingen einer neuen Religion war in erster Linie eine politische Operation mit den gleichen Implikationen, die uns später in durchideologisierten Systemen begegnen sollten: Der Souverän konnte auf diesem Wege die Ungläubigen loswerden und jene bestrafen, die die neuen religiösen Dogmen ablehnten.

Die antikatholische, antikirchliche Haltung durchdrang von Anfang an die liberale Vorstellung von Politik. Die meisten der liberalen Denker waren geborene Protestanten. Die Schärfe ihrer Theorien richtete sich gegen die Despotie, und so war die Katholische Kirche als Verbrecher willkommen. Ihr religiöser Hintergrund und ihre Theorien bestärkten sich gegenseitig. Während die Monarchien langsam schwächer und schließlich zu verfassungsrechtlich-parlamentarischen Systemen wurden, beharrten die Kirche und die Religion weiter unerschrocken und ostentativ auf ihren nichtliberalen Positionen, fast als wollten sie ihre liberalen Kritiker bewußt zu noch schärferen Polemiken provozieren.

Der Sozialismus im 19. Jahrhundert mit seiner religionsfeindlichen Einstellung hatte auf seine Weise eine ähnliche Haltung: Die Kirche und der Katholizismus repräsentierten die alte Ordnung, die längst ihre Nützlichkeit eingebüßt und verdient hatte, unterzugehen. Im 20. Jahrhundert wurde die Rhetorik noch schärfer und die Praxis viel gefährlicher. Die Architekten und Steuermänner des kommunistischen Systems waren davon überzeugt, daß sie mit ihrem Kampf gegen die Religion – mit welchen Mitteln auch immer – der Menschheit einen großen Dienst erweisen würden, indem sie einen Beitrag zu ihrer Befreiung leisteten. Je radikaler der Zwang war, umso näher rückte die Zeit, in dem der Mensch sein eigener Herr würde. Die Tatsache, daß der antireligiöse Kampf der Kommunisten so viel brutaler war als der in liberalen und demokratischen Staaten sollte nie vergessen oder verharmlost werden. Doch es bleibt auch eine Tatsache, daß die Ansichten der Kommunisten, Liberalen und Demokraten über die Religion und das Christentum einander oft sehr nahe kamen. Als Bertrand Russell Anfang der 20er Jahre des 20. Jahrhunderts das bolschewistische Rußland besuchte und anschließend ein Buch über Theorie und Praxis des Bolschewismus veröffentlichte, drückte er seine prinzipielle Bewunderung für das System aus, verurteilte aber in scharfen Worten die dabei benutzten Mittel. Er beendete das Buch mit dem optimistischen Ausblick: Würde erst das kommunistischen Programm von seinem barbarischen asiatischen Erbe befreit, wäre es eine große Hoffnung der Menschheit.

Die Kommunisten waren sich dessen durchaus bewußt, welche Gefühle die liberalen westlichen Eliten hegten, und präsentierten sich, um die Kritik an ihrer Brutalität zu mildern, als die Erben der westlichen sekulären und antichristlichen Tradition. Diese Taktik erwies sich als sehr effektiv und verlieh den Kommunisten ein Image der mutigen Modernisierer. Denn schließlich teilten sowohl Kommunisten als auch liberale Progressive die Annahme, daß die Religion ein Hindernis auf dem Weg der Modernisierung sei, außer diese selbst würde radikal modernisiert. Sie hatten auch die gleiche Vision von einer zukünftigen besseren Welt, in der es gar keine Religion mehr geben würde, oder, sollte sie doch noch überleben, würde sie nur noch den Ideen und Institutionen der neuen Gesellschaft dienen. Sie konnten sich nicht vorstellen, daß die Religion ein Träger von Weisheit und ein wertvolles Korrektiv sein könnte, das notwendig wäre, um die Dogmen des Großen Modernisierungsplanes in Frage zu stellen.

Die Idee, daß man gegen das Christentum sein muß, wenn man für Freiheit und Modernität eintritt, hat sich in das europäische Denken eingebrannt und ist heute so machtvoll wie in der Vergangenheit. Die antichristliche Rhetorik in den Medien, der Politik und der Kunst füllt heute den öffentlichen Raum, endlos werden

Hohn und Spott über das Christentum ausgeschüttet. Homosexuelle Aktivisten sehen im Christentum die ursprüngliche Quelle der Homophobie, Feministinnen sehen in ihm die Wurzeln des Patriarchats. Intellektuelle beschuldigen es des Totalitarismus, der sexuellen Unterdrückung, der Pädophilie, der Hexenverfolgung, des Antisemitismus, des intellektuellen Infantilismus, einer morbiden Faszination durch die Sünde und noch vieler anderer Verbrechen. Einerseits besteht ein Gefühl der Genugtuung über den Rückzug des Christentums und das siegreiche Vordringen der Säkularisierung. Andererseits stellt man mit Staunen fest, daß das Übel imstande ist, wieder aufzuerstehen und seinen Schatten erneut über die westliche Zivilisation zu werfen. Die Teilnahme von Christen am öffentlichen Leben, wie geringfügig sie auch sein mag, erweckt erneut die üblichen Verdächtigungen und belebt die alten antichristlichen Stereotype.

Die Analogie zu den Ereignissen unter kommunistischer Herrschaft ist offensichtlich. Selbst in den Ländern, in denen infolge von Repressionen oder historischen Besonderheiten das Christentum längst auf dem Rückzug war und der Säkularismus bereits gesiegt hatte, dachten die antichristlichen Krieger nicht daran, ihre Waffen niederzulegen. Sie kämpften weiter in der Annahme, daß der Tod des Christentums nur vorübergehend sei. Es würde eines Tages wieder auferstehen und erneut versuchen, den Marsch in die Moderne aufzuhalten. Was Polen betrifft, so hatten die Kommunisten mit ihrer Befürchtung Recht. Der Widerstand, der schließlich zum Zerfall des kommunistischen Systems geführt hat, kam vor allem von religiösen Gruppen und der Religion selbst. Der Papst hatte tatsächlich mehr Soldaten als die kommunistischen Diktatoren. Möglicherweise werden die heutigen antichristlichen Kämpfer von den gleichen Ängsten verfolgt.

4.

Die antichristliche Attitüde hat sich in der liberalen Demokratie der Gegenwart ein wenig gewandelt. Die autoritäre Rhetorik, die von Locke und Bayle benutzt wurde, verschwand. Der öffentliche Raum und die öffentliche Sprache folgen zwei formalen Regeln. Diese Regeln, die im liberalen Denken seit langem präsent sind, haben inzwischen Eingang gefunden in die verfassungsmäßigen Ordnungen, und man geht davon aus, daß damit das Problem des Verhältnisses von Religion und Politik endgültig gelöst sei. Die erste Regel lautet: Die religiöse Freiheit ist ein grundlegendes Menschenrecht, die zweite: Der Staat muß ideologisch neutral sein. Praktisch bedeutet die erste Regel, daß keine religiöse Gruppe daran gehindert werden darf, ihre Religion auszuüben. Die zweite legt fest, daß der Staat frei von jeder Religion sein muß und auch keine unterstützen darf. Theoretisch ist die Lösung eindeutig, doch die alten Probleme sind nicht verschwunden. Die angeblich nur formalen Regeln sind in Wirklichkeit substanziell.

Diese Regeln bedeuteten, daß das Christentum wie jede andere Religion behandelt wurde und wird. Es gab keinen Grund für einen übergeordneten Status. Diese Annahme wäre für die alten Anhänger der Toleranz undenkbar. Selbst Voltaire, der das Christentum haßte, wies diese Ansicht ausdrücklich zurück und setzte sich für seine Privilegierung ein, da er von der besonderen Stellung dieser Religion in Europa überzeugt war. Die neuen Regeln aber sollten nach den Auffassungen der Liberalen universellen Charakter haben, und erlaubten deshalb, ob aufgrund historischer oder philosophischer Grundlagen, keine Ausnahmen. Dieser Universalismus erfüllte die Liberalen mit besonderem Stolz, weil sie darin den Beweis für ihre Neutralität sahen. Sie wiesen die offensichtliche Tatsache zurück, daß ihre Neutralität das Christentum de facto unwiderruflich von seiner vorherrschenden Position, die es über viele Jahrhunderte in Europa einnahm, herunterstieß, und damit zu einer Neudefinition der europäischen Zivilisation führte.

Obwohl die liberalen Regeln formal sein sollten, konnten sie erfolgsreich zum Teil der vorherrschenden Ideologie werden. Sie gehören heute zum ideologischen Standardinventar von all jenen, die das Christentum für die Identität der westlichen Zivilisation für bedeutungslos halten; oder im milderen Fall annehmen, daß wir in einem post-christlichen Zeitalter leben und daß dadurch das Kapitel Christentum glücklicher Weise beendet ist.

Während vor wenigen Jahrzehnten nur unter vorgehaltener Hand erklärt wurde, daß die moderne Welt grundlegend nichtchristlich sei, wird dies heute weitestgehend als Tatsache akzeptiert. Philosophen, Politikwissenschaftler, Schriftsteller und die

Öffentlichkeit schließen sich der Meinung an, und so ist sie zu einem unangefochtenen Axiom geworden. Ein Hinweis auf das Christentum als einen wichtigen Teil der europäischen Identität in der Präambel des EU-Verfassungsvertrags hat derart wütende Reaktionen hervorgerufen, daß er fallengelassen werden mußte, weil angeblich mit den „europäischen Werten" unvereinbar. Selbst die Anerkennung der historischen Rolle des christlichen Erbes gilt heute als eine derart extravagante Idee, daß sie nicht mehr toleriert werden kann. Diese antichristlichen Manifestationen zeugen vom Sieg des ideologischen Denkens, das die Vergangenheit uminterpretiert und oft verfälscht, um sie in den Dienst eines gegenwärtigen politischen Projekts zu stellen. Die Kommunisten taten es umfassend, und die EU tut es in einem etwas geringerem Maße, indem sie versucht, eine europäische Identität zu schaffen.

Orwell hat in seiner Analyse des Totalitarismus sehr zutreffend festgestellt, daß wer die Vergangenheit kontrolliert, auch die Zukunft unter Kontrolle habe.

Sowohl die Europäische Union als auch die europäischen Regierungen sind Gefangene ihrer Christophobie und reagieren deshalb nicht auf die brutale Verfolgung von Christen auf anderen Kontinenten, oder wenn sie es tun, sind diese Reaktionen sehr zurückhaltend. Das ist eine Schande, und das umso mehr, als die Christen die meistverfolgte Gruppe auf der ganzen Welt sind. Es ist absolut unvorstellbar, die EU schritte mit der Begründung energischer zum Schutz der Christen ein, daß das Christentum eine besondere Rolle in der Geschichte Europas spiele und sie sich deshalb verpflichtet fühle, Katholiken, Protestanten und andere Christen zu verteidigen, wo auch immer sie eingekerkert, gefoltert und massakriert würden. Wenn es aber Erklärungen gegen die Christenverfolgung gibt, sind sie in einer universalistischen Sprache geschrieben, das heißt, Christen werden als eine unter mehreren verfolgten Gruppen erwähnt. Als der Europäische Gerichtshof für Menschenrechte entschied, daß Kreuze in Klassenzimmern nicht akzeptabel seien, haben die meisten europäischen Regierungen Italien nicht unterstützt, auch die polnische nicht. Empfindlich dafür, was die großen Spieler denken würden, hielt man sich lieber heraus.

Die Kälte gegenüber dem Schicksal der Christen und der Christenheit ist durch die Sprache des universalistischen Egalitarismus verborgen, die in ihrer zur Schau gestellten Großzügigkeit die Sorge um alle Religionen ausdrücken soll. Doch unter dem Banner der Gleichstellung wird die Religion, die in der Geschichte eine so bedeutende Rolle gespielt hat, mit jenen gleichgestellt, die gar keine Rolle gespielt haben. Praktisch bedeutet das einen drastische Abwertung des Christentums und im Gegenzug die Aufwertung von Religionen, die gar keinen Einfluß auf die europäische Identität hatten. Der Wahn dieser neuen Perspektive ist unübersehbar. Britische Bischöfe und Politiker wollen Elemente der Scharia in das britische Rechtssystem einführen, damit sich die Muslime, die in einer christlichen Umgebung leben, wohler fühlen. Die Verwirklichung dieser Idee würde die ohnehin schon entchristianisierte britische Gesellschaft muslimischer machen und das Christentum noch weiter degradieren. Aktionen dieser Art erinnern an den Krieg, den die kommunistischen Regierungen unter dem Vorwand gegen religiöse Symbole geführt haben, daß sie den säkularen Charakter der staatlichen Institutionen verletzen würden.

Die Entscheidung über die öffentliche Präsenz der Religion basiert – wie gesagt – auf den beiden scheinbar formalen Prinzipien, die aber in einem großen Maße nicht formal, sondern substanziell angewendet werden – je nach der ideologischen Interpretation der jeweiligen regierenden Körperschaften. An und für sich bestimmen diese beiden Prinzipien nicht viel, aber die Intention der Interpreten schiebt sie in die eine oder andere Richtung und verleiht ihnen damit substanziellen Charakter. Die aus dem Kontext gerissenen Regeln enthalten zu viele unausgesprochene Komponenten: Die Freiheit der Religion ist nie absolut, religiöse Gemeinschaften beschränken sich nie auf religiöse Angelegenheiten allein, der Staat ist nie neutral, sondern hat seine eigenen ideologischen Präferenzen. Der kommunistische Staat haßte die Religion und benutzte die beiden Regeln, um das Christentum aus dem öffentlichen Raum und schließlich aus dem Geist und den Herzen der Menschen zu verbannen. Wenn man die beiden Prinzipien im Kontext der liberal-demokratischen Regeln liest, wird es offensichtlich, daß die Kirchen das politische System, in dem sie leben, nicht angreifen werden. Wenn sie es doch tun, handeln sie sich Ärger ein.

In den Vereinigten Staaten, dem einzigen Land, in dem es eine echte Trennung von Kirche und Staat gibt, war die Macht bis in die sechziger Jahre noch in den Händen der christlichen, überwiegend protestantischen Mehrheit. Sie interpretierte die Religionsfreiheit und die Neutralität des Staates so, daß eine starke Präsenz der Religion im öffentlichen Raum möglich war. Im heutigen postkommunistischen Polen war der Katholizismus praktisch seit dem Zusammenbruch des alten Regimes Gegenstand ständiger Angriffe. Trotzdem konnte die Kirche weiterhin eine wichtige Rolle im Leben des Landes behalten. Der Grund dafür sind nicht verfassungsmäßige Vorschriften, sondern die starke historische und politische Rolle, die sie in der Geschichte und der Politik der Nation gespielt hat und die Größe der katholischen Gemeinschaft. Im heutigen Europa ist die Macht in den Händen einer christenfeindlichen politischen Klasse, die – unterstützt durch die Eliten und von großen Teilen der Gesellschaft – die beiden Regeln in einer Weise interpretiert, daß sie ihrer antichristlichen Einstellung entsprechen.

5.

Die Feindseligkeit dem Christentum gegenüber wirft die Frage auf, wie sich die Religion im öffentlichen Leben manifestieren sollte. Die einfachste Antwort wäre, das religiöse und das politische Leben zu trennen – das kommt den Vorstellungen der protestantischen Bewegungen nahe. Religion ist ihrem Wesen nach eine private, familiäre und manchmal eine gemeinschaftliche Angelegenheit, aber definitiv keine staatliche. Unter den vielen öffentlichen Persönlichkeiten der Gegenwart wissen wir von wenigen, welcher Religion sie angehören, und wenn doch, so ist diese Tatsache bei der Beurteilung ihrer Leistungen irrelevant. Diese strenge Trennung von religiösen und öffentlichen Bereichen ist ganz im Sinne der gegenwärtigen Ideologie der Moderne. Überzeugend bestätigt sie die – offensichtliche und doch zweifelhafte – Annahme, daß die Religionsfreiheit in westlichen Demokratien garantiert sei, und daß die Christen, nur weil ihnen die öffentliche Präsenz vorenthalten werde, keinen Grund zur Klage hätten.

Für die Christen gibt es unter diesen Umständen zwei Strategien: eine konziliante und eine kapitulationistische. Anfangs unterscheiden sich die beiden Strategien nur durch ihr Ausmaß, am Ende aber auch durch ihr Wesen. Das Ziel der konzilianten Christen war es, Konflikte mit den liberalen Demokraten zu vermeiden und sich dem existierenden System anzupassen, von dem sie annahmen, daß es weiträumig und freundschaftlich genug sei, um das Christentum zusammen mit anderen Religionen zu beherbergen. Die Christen, die die Kapitulation vorzogen, wollten Einlaß in den liberal-demokratischen Klub erlangen und waren deshalb bereit, alle Bedingungen zu akzeptieren, aus der Überzeugung heraus, daß außerhalb des Klubs zu bleiben Schande über sie bringen würde.

Man kann beide Strategien verteidigen. Meistens wird folgendes Argument vorgebracht: Ein großer Teil der kirchlichen Aktivitäten und ein großer Bereich der Religion haben nichts mit Politik, dem Sozialismus, der liberalen Demokratie oder ähnlichem zu tun. Religion und Kirchen befassen sich mit Gott, der Seele und der Erlösung. Weil wir in einer bürgerlichen Gesellschaft leben, in der die Herrschaft des Rechts Geltung hat, wäre ein Vorgehen gegen diese Trennung unter dem Gesichtspunkt der Religion bedeutungslos und würde die Kirchen auch von ihrer wichtigsten Mission, der Evangelisation, ablenken.

Die grundlegenden Zielsetzungen des Christentums liegen zweifellos außerhalb der Politik. Aber diese offenkundig richtige Feststellung läßt die immer stärkere Infiltration der Religion durch die liberale Demokratie außer Acht. Die liberale Demokratie hat, wie der Kommunismus auch, die überbordende Tendenz, alle Aspekte des gesellschaftlichen Lebens zu politisieren und zu ideologisieren, auch jene, die man früher für streng privat gehalten hat. Deshalb ist es für die Religion schwierig, frei vom Druck der liberal-demokratischen Orthodoxie zu bleiben und Konflikte mit ihren Kommissaren zu vermeiden. Selbst Themen, von denen im Allgemeinen angenommen wurde, sie seien weit weg von der Politik, werden von den Wachhunden der ideologischen Reinheit genauestens untersucht und verurteilt. Um nur ein Beispiel zu nennen: Die Erklärung „*Dominus Iesus*" aus dem Jahr 2000 rief den Ärger mehrerer Gruppen hervor. Der Grund war der folgende Satz: „Es gibt also eine einzige Kirche Christi, die in der katholischen Kirche subsistiert und vom Nachfolger Petri und von den Bischöfen in Gemeinschaft mit ihm geleitet wird."[8] Diejenigen, die protestierten, (hauptsächlich Säkulare und Atheisten, seltener Protestanten und Orthodoxe) nahmen für sich in Anspruch, nichtkatholische Gläubige zu verteidigen, die – im Lichte der Deklaration, so schien es, keine Erlösung erlangen könnten, und deshalb würde ihr eschatologischer Status den Katholiken gegenüber herabgesetzt. Warum die Atheisten, die nicht an die Erlösung glauben, beleidigt waren, kann nur so erklärt werden, daß sie dabei politische und ideologische Zielsetzungen verfolgten. Sie sahen in der Erlösung keine theologische Kategorie, sondern ein politisches Instrument der katholischen Kirche, mit der diese angeblich ihre Dominanz gegenüber anderen religiösen und nichtreligiösen Gruppen durchsetzen wolle. Der oben erwähnte Satz verletzte außerdem ihre egalitäre Sensibilität: Wenn die Erlösung nicht als Menschenrecht erachtet und gleichmäßig unter allen verteilt wird, mußte sie ideologisch suspekt bleiben.

Es konnte gar nicht anderes kommen, als daß die Kirche in moralischen Fragen mit der liberalen Demokratie permanent in Konflikt geriet, und diese Konflikte wurden folgerichtig der Macht von gesetzgebenden Körperschaften und Gerichten unterworfen. Heute entscheiden Gesetzgeber und Richter darüber, was in Fragen von Leben und Tod erlaubt, richtig oder falsch, gut oder böse ist. Bis vor einiger Zeit wurde die Familienethik von christlichen Denkern geformt, die die Lehren ihrer klassischen Vorgänger fortsetzten. Doch in den vergangenen Jahrzehnten wurde diese Ethik enteignet und der liberalen Demokratie einverleibt. Zahlreiche gesetzliche Entscheidungen betrafen direkt das Familien- und das Sexualleben. Die meisten dieser Entscheidungen, wie zum Beispiel über Abtreibung, Homosexualität und Euthanasie unterschieden sich maßgeblich von den christlichen Lehren. Die Christen mußten die erniedrigende Unterordnung unter Gesetze dul-

---

8 Erklärung „Dominus Iesus" über die Einzigkeit und die Heilsuniversalität Jesu Christi und der Kirche, 2000, Kapitel IV, Punkt 17.

den, die sie für unmoralisch hielten, deren Nichteinhaltung jedoch unter Strafe gestellt wurde. Häufig hatten diese Entscheidungen einen starken antichristlichen Unterton. Die Argumente der Christen wurden als „nur religiös“ beiseitegeschoben, mit der Begründung, sie seien irrational, beschränkt, anachronistisch und nicht mehrheitsfähig. In vielen Ländern wurden die Gewissensgründe, die bis dahin die Christen beschützt hatten, verworfen oder durch die Gerichte ungültig gemacht.

Es gibt praktisch keinen Bereich, in dem der Einfluß des Christentums nicht in Frage gestellt worden wäre. Alle Bereiche, die von Geist, Weisheit und Tradition des Christentums durchtränkt waren, wie Bildung, Moral, menschliches Verhalten und selbst die Ernährungsgewohnheiten, sind von der liberal-demokratischen Ordnung in Frage gestellt worden und in vielen Fällen ist der Einfluß des Christentums abgeschafft worden. Der Sonntag ist kein heiliger Tag mehr, sondern ein arbeitsfreier Tag. Weihnachten ist zu einem Fest des Konsums geworden und es gilt als schick, Heiligabend beim Bier mit Freunden zu verbringen.

Wenn die alten Kommunisten heute noch am Leben wären, wären sie entsetzt, wie wenig ihr antireligiöser Krieg bewirkt hatte, und wie erfolgreich die liberalen Demokraten im Vergleich zu ihnen sind. All das, was die Kommunisten mit Brutalität verfolgten, erreichten die Liberal-Demokraten fast mühelos, indem sie zuließen, daß sich die Menschen vom Stroms der Moderne treiben ließen. Ihnen gelang es, Kirchen in Museen, Restaurants und öffentliche Gebäuden umzuwandeln, sie verwandelten den Säkularismus in eine militante Ideologie, sie förderten die Massenkultur mit ihrer starken antireligiösen Tendenz, wonach ein Priester entweder ein Liberaler ist, der die Kirche herausfordert oder aber ein Obskurant. Die heutige nicht-religiöse und antireligiöse Realität kommt den kommunistischen Visionen einer Zukunft ohne Religion sehr nahe.

Das Vorgehen gegen das Christentum geschieht vorzugsweise auf dem konzilianten Weg. Viele christlichen Gemeinden haben – vom Zeitgeist überwältigt – die direkte Konfrontation mit der liberalen Demokratie aufgegeben, sie haben sogar aufgehört, sich ernsthaft zu wehren. Jene, die bedingungslos kapitulierten, mußten, um ihren Standpunkt zu rechtfertigen, theologische Akrobatik betreiben. Sie ließen ihre eigenen gestalterischen Ambitionen unterdrücken und blieben stumm, wenn christliche Praktiken und Ideen vor ihren Augen zerstört wurden. Auch wenn sie am Anfang noch einige ängstliche Versuche des Widerstandes unternahmen, waren sie bald bereit, homosexuelle Ehen und Abtreibungen zu akzeptieren und tolerierten sogar die Euthanasie. Die Allgegenwart liberal-demokratischer Rechte und die ethische Freizügigkeit haben bei vielen Christen wahrscheinlich ein Gefühl der Resignation und der Hoffnungslosigkeit erzeugt. So schien die einzige Option übrigzubleiben, sich dem großen fortschrittlichen Lager anzuschließen, um ein gewisses Maß an Respektabilität zu behalten und manchmal die Gelegenheit zu haben, etwas einzuschmuggeln, was als religiöse Botschaft durchgehen könnte.

Es ist aber ein Irrtum zu glauben, daß die Religionsfeindlichkeit lediglich ein Ergebnis von Mißverständnissen, Zufällen oder von Christen begangener Fehler sei: deshalb ist auch die Strategie der Konzilianz falsch. Denn in Wirklichkeit sind die antichristlichen Entwicklungen eine genuine Konsequenz des modernen Geistes, auf dem die liberale Demokratie basiert. Moderne und Feindseligkeit dem Christentum gegenüber können nicht von einander getrennt werden, weil sie den gleichen Wurzeln entstammen und von Anfang an miteinander verflochten waren. Diese europäische Tradition stand dem Christentum niemals positiv gegenüber. Die Wellen der Feindseligkeit kamen und gingen und reichten von direkter Aggression bis hin zu verächtlicher Gleichgültigkeit. Viele christliche Autoren haben versucht, gemeinsame Elemente von Christentum und Liberalismus zu finden. Es gab auch interessante Erkenntnisse, doch der unaufhaltsame Trend der vergangenen Jahrhunderte, alles zu liberalisieren und zu demokratisieren, förderte immer die antichristlichen Kräfte.

Deshalb ist der von vielen unterstützte Standpunkt falsch, daß die Kirche nur einige liberal-demokratische Elemente übernehmen und sich modernen Ideen öffnen müßte, dann könnte sie die Feindseligkeit überwinden und den christlichen Lehren mehr Sympathien verschaffen. Zwar genießt dies viele Sympathien, trotzdem wird es nie Erfolg haben. Nach dem Zweiten Vatikanischen Konzil haben einige Christen einen ähnlichen Weg gewählt, um zumindest äußerlich den liberal-demokratischen Empfindlichkeiten zu entsprechen, und hofften, daß so die Feindseligkeit abnehmen würde und der antichristliche Trend gedreht werden könnte.

Die Idee des *aggiornamento* war keineswegs selbstverständlich, es gab viele dem widersprechende Theorien und Strategien. Das langfristige Ergebnis war, daß die Architektur der Kirche eher gemeinschaftlich statt monarchisch wurde. Die Liturgie hatte man so vereinfacht, daß sie für den modernen Menschen, der immer weniger Zeit für die Religion hatte, weniger anspruchsvoll wurde. Die lateinische Sprache, unverständlich und unangenehm elitär, wurde durch die Umgangssprache ersetzt, die jeder verstehen konnte. Die Priester hörten während der Messe auf, sich wie Führer und Befehlshaber zu verhalten und wandten sich *versus populum*, um den Eindruck zu erwecken, sie seien Gleiche unter Gleichen. Doch all diese Veränderungen halfen nicht gegen die vom liberal-demokratischen Geist angeheizten antichristlichen Vorurteile, und sie bewirkten auch nicht, daß mehr Menschen der Kirche beitraten, um die bereits dezimierte Schar der Gläubigen zu stärken. Nichts besserte sich, weil es gar nicht möglich war: Die Abneigung gegen das Christentum sitzt zu tief in der Kultur der Moderne, als daß Schmeicheleien und kriecherisches Verhalten von Seiten der Kirche daran etwas ändern könnten. Im Gegenteil, wer auf diesem Wege zu weit geht, gefährdet das Wesen des Christentums. Seit dem Zweiten Vatikanischen Konzil ist die Unterwürfigkeit der Kirche auch in Polen noch stärker geworden, ohne daß die liberalen Demokraten je versöhnlicher geworden wären, vielmehr sind sie seither noch fordernder aufgetreten.

Die katholische Kirche ist sich – und das muß deutlich betont werden – der Gefahren bewußter als die anderen christlichen Gemeinschaften. Und doch wurden Priester und Bischöfe vor allem in Westeuropa und Amerika heftig unter Druck gesetzt, um sich der liberaldemokratischen Orthodoxie anzubiedern, und dieser Druck ist nicht immer ohne Wirkung geblieben. Unter den Päpsten Johannes Paul II. und Benedikt XVI. blieb der Vatikan den fundamentalen Lehren der Kirche treu, es ist aber schwer vorauszusagen, in welche Richtung ihre Nachfolger gehen werden. Viele fürchten, daß die nächste Generation von Kardinälen kompromißbereiter sein wird, umso mehr als Randgruppen des Klerus lautstark ihre Bereitschaft bekunden, „mit der Zeit“ zu gehen.

Die Feindseligkeit wird durch Kompromisse nicht geringer, denn die Entchristianisierung hat ihre eigenen Mechanismen: Sie wird durch Konzessionen eher gestärkt als geschwächt. Um die scharfen Angriffe abzuwehren, reicht es heute nicht aus, die sakrale Architektur weniger hierarchisch und demokratischer zu machen oder den Zölibat abzuschaffen. Heute muß man viel weiter gehen. Man muß unterbinden, daß etwas verurteilt wird, was die liberal-demokratische Orthodoxie für richtig hält, und man muß alles loben, was die Orthodoxie für lobenswert hält. All das erklärt, warum die Vertreter des sogenannten offenen Katholizismus der christlichen Religion keinen guten Dienst erweisen. Ihr Verhältnis zur liberalen Demokratie erinnert an den Dialog, den ihre älteren Kollegen mit dem Marxismus führten. Die offenen Katholiken halten überschwängliche Lobreden auf das politische System und seine Ideologie, distanzieren sich kategorisch von nichtliberalen Katholiken in der offensichtlichen Hoffnung, daß sie, wenn sie nur mit dem System kooperieren, ein paar Tröpfchen Katholizismus in den Strom der liberalen Demokratie mengen können. Ihre Gesprächspartner würdigen diese Verpflichtung der liberalen Demokratie gegenüber, betonen emphatisch den großen Unterschied zwischen den guten und den schlechten Katholiken und hören nicht auf, eine noch schärfere Abgrenzung zu fordern, am besten die Errichtung einer Art von *cordon sanitaire* zur bösen Brut.

Es überrascht nicht, daß die offenen Katholiken durch ihr Nachgeben nicht viel gewonnen haben. Stattdessen werden sie einer endlosen Reihe von Erniedrigungen unterworfen, an die sie sich inzwischen so sehr gewöhnt haben, daß sie diesen Zustand für die natürliche Ordnung der Dinge halten. Mit jedem neuen Schritt gegen das Christentum – ob es um *In-vitro*-Befruchtung oder die neue sexuelle Unordnung geht – sind sie unter den ersten, die dergleichen begrüßen und erklären, daß nichts Schlimmes passiert sei, im Gegenteil, die katholischen Fundamentalisten seien die Übeltäter.

Kardinal Wyszynski stand unter enormen Druck und kam den Kommunisten entgegen, letztendlich sagte er aber *Non possumus.*

Sieht man auf die sogenannten offenen *Christen*, ist es schwer vorstellbar, daß sie solcher Worte fähig sind, ungeachtet dessen, wie weit die antichristliche Kampagne der liberalen Demokratien noch gehen wird. Man könnte die „offenen" Christen eher für *Cheerleaders* der Progressisten halten, wie sie in Amerika bei Veranstaltungen ihre Favoriten anfeuern.

Das traurige Spektakel „Dialog" zeigt – wie damals, als sich die Christen mit dem Marxismus austauschten –, daß sowohl was die Macht als auch was die Ideologie betrifft eine dramatische Asymmetrie zwischen den beiden Seiten besteht. Alle Macht ist auf der Seite der liberalen Demokraten, sie haben praktisch ein Machtmonopol. Sie kontrollieren direkt und indirekt die Gesetzgebung, beeinflussen die Entscheidungen der Gerichte und haben die öffentliche Meinung im Griff. Die Katholiken sind bestenfalls Bittsteller. Sie bitten um die Akzeptanz des Katholizismus nicht als Katholiken, sondern als eine Gruppe, deren Bekenntnisse die liberale Demokratie nicht bedrohen, ja sogar unterstützen. So erhalten sie manchmal sogar gute Noten von den jeweiligen Mächten, die ihr Selbstbewußtsein so weit stärken, daß sie das Wesen des Konflikts aus dem Blick verlieren und die erwiesene Gunst als eine Bestätigung für die aktuelle Position des Christentums in der Welt halten. Sie verstehen nicht, daß die Beziehungen zwischen ihnen umgekehrt proportional sind: Je mehr Gefälligkeiten die „offenen" Katholiken der liberalen Demokratie erweisen, umso schwächer wird die Position des Katholizismus und des Christentums insgesamt.

6.

Man kann die Lage des Christentums in der modernen Welt und insbesondere in Europa von zwei Standpunkten aus betrachten: von dem des Außenstehenden und dem des Zugehörigen. Der Zugehörige ist ein Christ, dem die Präsenz der Religion in der modernen Welt lebensnotwendig ist. Er interpretiert den Krieg gegen das Christentum zu Recht als einen Prozeß, im Laufe dessen sich der Westen von der Religion in Richtung einer Zivilreligion entfernt hat. Diese entspricht dem, was Rousseau beschrieben hat, angereichert durch einige neue Elemente. Ein solcher Katholik befürchtet, daß der neue Glaube zur Anbetung des real existierenden politischen Systems und seiner Ideologie wird. Das wichtigste Kriterium, ob jemand ein guter Christ ist, wäre nach diesem neuen Glauben, daß er den Fortschritt der liberalen Demokratie enthusiastisch begrüßt und bereit ist, den immer neuen Vorgängen der Kapitulation den christlichen Segen zu erteilen.

Diese Befürchtungen sind nicht grundlos. Es ist unter anderem zu einer allgemeinen Gewohnheit geworden, daß die päpstlichen Lehren und andere grundlegende Dokumente der Christenheit im Lichte der liberal-demokratischen Ideologie bewertet werden, als sei die liberale Demokratie das höchste Tribunal, dessen Urteile von allen Katholiken in Demut entgegengenommen werden müßten. Die Enzyklika *Centesimus Annus* von Johannes Paul II. ist unter diesem Gesichtspunkt, ihrer Haltung zur liberalen Demokratie, bewertet worden. Manche lobten den Papst, weil er sich für die Demokratie und den freien Markt ausgesprochen habe, während ihn andere kritisierten, weil er sich nicht ausdrücklich genug für die Demokratie und den freien Markt engagiert habe. Die ersteren lobten ihn als guten Demokraten, während die anderen seine demokratischen und marktwirtschaftlichen Überzeugungen in Frage stellten. Daß eine derartige Bewertung der päpstlichen Worte falsch sein könnte, ist für den modernen Menschen unbegreiflich. Es gibt immer weniger Menschen, die verstehen, daß es auch andere wichtigere Bewertungskriterien geben kann als die der liberalen Demokratie. Indem sie diese Kriterien bescheiden anerkennen, könnten die liberalen Demokraten ihre eigenen Annahmen und das politische System kritisch überprüfen.

Jene Christen, die glauben, sie könnten sich die liberal-demokratische Ideologie wie einen Mantel umhängen und darunter unverändert die gleichen Christen bleiben, die sie vorher waren, machen gleich zwei Fehler. Der erste ist, daß sie eine falsche Strategie gewählt haben. Die liberale Demokratie benutzt die Rhetorik des Multikulturalismus, der angeblich die Existenz verschiedener Kulturen anerkennt, von denen behauptet wird, sie würden gerade weil sie verschieden sind, zum Reichtum und zur Diversität der Gesellschaft beitragen. Wenn das stimmte, müßten die Christen mit anderen um sichtbare Präsenz und Einfluß konkurrieren. Um ein erfolgreicher Mitbewerber zu sein, müßten sie wie eine energische Gruppe handeln, deren Mitglieder von ihrer Sache zutiefst überzeugt und entschlossen sind, der Welt ihren Stempel aufzudrücken. Die entgegengesetzte Strategie, die darin besteht, die Grenzen zu verwischen, die Botschaft durch den Jargon der liberalen Demokratie aufzuweichen, den Götzen der Modernität zu schmeicheln, dem modernen Aberglauben zu huldigen, diese Strategie führt die Christen in eine traurige Niederlage und eine würdelose Zukunft.

Der zweite Fehler ist zu ignorieren, daß die liberal-demokratische Ideologie schon lange aufgehört hat, offen zu sein (wenn sie es je gewesen ist), und nun in eine Phase der rigiden Dogmatik eingetreten ist. Je siegreicher sie ist, umso weniger sind die Sieger bereit, Nachsicht gegenüber denen zu zeigen, die nicht zu den Siegern gehören. Die sich in Bescheidenheit übenden Christen, die bereit sind, eine gemeinsame Grundlage im Streben nach einer besseren Welt zu suchen, haben keine Überlebenschance, egal wie weit sie in ihrer Selbsterniedrigung gehen. Früher oder später werden sie bedingungslos kapitulieren und sich dem System anschließen, ohne Ausstiegs- und Gewissensklauseln. Und sollten sie sich plötzlich entschließen, *non possumus* zu deklarieren, werden sie sofort zu verächtlichen Feinden der liberalen Demokratie erklärt. Nichts deutet darauf hin, daß das Regime in der nächsten Zeit seinen ideologischen Schwung verlieren könnte.

Wir können das Schicksal des Christentums auch vom Standpunkt eines Außenstehenden betrachten. Diejenigen, die keine Christen sind und das Christentum nicht mögen, werden mit einer gewissen Schadenfreude auf die Probleme blicken, denen diese Religion in der modernen Welt gegenübersteht, insbesondere auf die schnelle Säkularisierung der Gesellschaften. Doch diese Reaktion ist kurzsichtig. Das Christentum ist nicht nur eine Religion, sondern ein vitales intellektuelles Element der westlichen Identität, das Europa erlaubte, ein starkes Empfinden von Kontinuität aufrechtzuerhalten, indem es die Antike mit der Moderne verband und zu vielen intellektuellen Einsichten inspirierte. Durch die Zurückweisung des Christentums und die Marginalisierung des klassischen Erbes versinkt Europa und auch der ganze Westen in geistige Dürre und überläßt das Feld dem erdrückenden Monopol einer einzigen Ideologie.

Das Christentum ist die letzte verbliebene große Macht, die eine echte Alternative zur Öde der liberal-demokratischen Anthropologie bietet. Es steht in dieser Hinsicht dem klassischen Menschenbild näher als dem modernen. Mit der Vertreibung des Christentums ist der liberal-demokratische Mensch zum einzigen Beherrscher des heutigen Vorstellungsvermögens geworden. Er bestimmt die Grenzen der menschlichen Natur und leugnet alles, was über diese enge Perspektive hinausweist. Ohne einen starken Wettbewerber wird der liberal-demokratische Mensch wie ein Tyrann über alle menschlichen Aspirationen herrschen. Niemand wird es wagen oder bereit sein, seine Herrschaft in Frage zu stellen. Die real existierenden Regeln erlauben keine derart extravaganten Aktionen, und die Annahme, daß es auch andere Regeln geben könnte, ist längst als absurd verworfen worden.

Man kann sich natürlich vorstellen, daß das liberal-demokratische Monopol eines Tages anfangen wird, Risse zu zeigen, und daß neue zentrifugale Kräfte, die wir uns heute noch nicht vorstellen können, zu wirken beginnen. Der gesunde Menschenverstand und Erfahrungen lassen annehmen, daß es nicht möglich ist, die Menschen langfristig durch eine einzige Ideologie einzuschläfern, ihre Gedanken und Gefühle auf die immer gleiche Weise zu organisieren. Der Krieg gegen das Christentum kann allerdings eine fatale Folge haben: Wenn endlich die Erneuerung kommt, wird sie auf einer viel tieferen Stufe anfangen als die früher in der europäischen Kultur durch das Christentum erreichte. Wenn der liberaldemokratische Mensch seine Gewohnheiten, Aberglauben, Vorurteile und Dogmen ablegen wird, hat er einen harten Weg vor sich. Nachdem jener Teil der menschlichen Natur, der die Offenbarung vorher erkannt hat, so verunglimpft wurde, wird ihre Wiederentdeckung neue Anregungen und einen neuen Aufschwung der spirituellen Energie brauchen. Ob das jemals möglich sein wird, können wir heute, in einer Zeit des Vormarsches der Säkularisierung, nicht sagen.

Schlußwort

Man kann die Übereinstimmungen zwischen Kommunismus und liberaler Demokratie unter einem engeren und einem weiteren Gesichtspunkt betrachten. Die engere Sicht kann uns zur traurigen Schlußfolgerung führen, daß der Westen das kommunistische Experiment nie richtig verstanden hat – oder wenn doch, nahm man die Lehren, die daraus folgten, nie wirklich ernst. Wenn man den weiteren Gesichtspunkt wählt, so kann man eine etwas gewagtere These aufstellen: Die beiden Systeme entspringen der gleichen Wurzel, nämlich einer bestimmten – nicht unbedingt positiven – Neigung des modernen Menschen, die man unter verschiedenen politischen Umständen gleichermaßen beobachten kann. Die Geschichte des Zusammenhangs zwischen Kommunismus und Liberalismus verdient unsere besondere Aufmerksamkeit, da beide Systeme bejubelt wurden; von beiden nahm man ehrlich an, die größten Hoffnungen der Menschheit zu sein. Die Geschichte handelt deshalb nicht nur von Politik, sondern indirekt auch von den Wünschen und Träumen des modernen Menschen.

In diesem Buch argumentiere ich, daß der moderne Mensch, der beide Systeme entwickelt hat, ein Mensch der Mittelmäßigkeit ist, nicht von seiner Natur aus, sondern als Ergebnis eines Programmes. Von Anfang an wurde von ihm erwartet, den großen moralischen Herausforderungen gleichgültig gegenüberzustehen und der Gefahr des moralischen Absturzes nicht bewußt zu sein. Dieses Bild wurde von den frühen Denkern der Moderne entworfen, meistens im Widerspruch zur klassischen und christlichen Sicht der menschlichen Natur. In wenigen Jahrhunderten hat diese Idee alle ihre Konkurrenten besiegt. Beide Systeme stellten sich den Menschen als eine Kreatur mit gewöhnlichen Eigenschaften vor, und gerade diese Gewöhnlichkeit sollte ihn dafür anfällig machen, diese Welt durch seine eigene eingeschränkte Sicht zu betrachten und Ideale, Kunst und Bildung auf sein eigenes beschränktes Maß herunterzuziehen – im Gegensatz zur alten Auffassung, die ihnen eine erhöhende Kraft zusprach.

Ich muß an dieser Stelle eine persönliche Anmerkung machen. Die Polen konnten in den frühen Tagen des Kommunismus den kommunistischen Menschen in seiner vollen Pracht erleben. Nachdem er im Schutze der sowjetischen Panzer angekommen war, setzte er mit Gewalt den Aufbau eines neuen Regimes durch, in einer Gesellschaft, die vorher schon von der deutschen Besatzung dezimiert und terrorisiert worden war. Der *homo novus*, ungebildet, vulgär, primitiv, voller Verachtung für Tradition, Geschichte, Kultur und alles Raffinierte, Edle, Elegante, Schöne und Intellektuelle, vollzog die Zerstörung aller sozialer Klassen: des Landadels, der Mittelklasse, der Bauern, der Aristokratie und sogar der Arbeiter, deren Interessen er zu vertreten vorgab. Er war der Wille und der Geist der Kommunistischen Partei, und im Gegenzug erhielt er von der Partei die Instrumente der Macht und ein Wissen, von dem der neue Mensch annahm, daß es das vollständigste Wissen von der Welt sei. Er erledigte seine Aufgabe mit uneingeschränkter Gnadenlosigkeit. Die polnische Gesellschaft durchlebte einen grundsätzlichen und im Wesentlichen unumkehrbaren Prozeß der Zerstörung ihrer Kultur. Das Leben wurde ordinär, die sozialen Normen verloren ihre Kraft, und die Häßlichkeit verdrängte die Schönheit. Man hatte den Eindruck, daß das Land in die Hände von Barbaren gefallen sei. Mit der Zeit gewann der kommunistische Mensch etwas Schliff, was aber sein Wesen nicht berührte und der Schaden konnte nicht mehr behoben werden. Diese Manifestation sowjetischer Barbarei war nicht auf Polen beschränkt, sie betraf alle Länder unter kommunistischer Herrschaft.

Nach der Stabilisierung der kommunistischen Ordnung wurden die sowjetischen Typen in den Ruhestand verabschiedet oder beiseitegeschoben, und eine neue Generation der Kommunisten übernahm. Sie waren nicht weniger vulgär als ihre Vorgänger, aber nicht so brutal – wahrscheinlich wegen der verhältnismäßig langen Friedensperiode. Sie benutzten das kommunistische Neusprech, das ihren Vorstellungen und mentalen Möglichkeiten entsprach. Doch ihre Kulturlosigkeit hat sie nicht daran gehindert, eine bemerkenswerte Gewandtheit im Umgang mit der kommunistischen Bürokratie zu entwickeln und Privilegien, Vorteile, Vermögen und Macht zu ergattern.

Die zweite Welle der Barbarei traf uns unmittelbar nach dem Zusammenbruch des Kommunismus. Naive Menschen glaubten, daß es nach dem Verschwinden des alten Systems möglich sein würde, wenigstens einen wesentlichen Teil des zerstörten sozialen Gewebes wieder herzustellen, und daß die frei gewählten Regierungen und die befreite Gesellschaft versuchen würden, dies zu tun. Schließlich hatte sich doch ein freier Raum geöffnet, mit der Möglichkeit, noble Ziele zu verfolgen, die das alte Regime so herabgewürdigt hatte. Stattdessen erfolgte eine erneute Invasion einer anderen Horde von „neuen Menschen". Die Freiräume, die sich durch den Zerfall der alten Ordnung geöffnet hatten, wurden fast augenblicklich durch die Neuankömmlinge gefüllt, die in einer Art *Blitzkrieg* siegten.

Ihr flegelhaftes Benehmen und ihre ungehobelte Sprache war nicht im Kommunismus entstanden, sie folgten Mustern der entwickelten, westlichen liberalen Demokratien. Natürlich war die neue Ordnung anders und hatte ihre eigenen Muster. Aber ungeachtet dieser Unterschiede richtete sie sich erneut gegen die gleichen sozialen Formen, Verhaltensweisen, und Normen, die auch von der alten Ordnung verfolgt wurden. Die Vulgarisierung schritt weiter voran, die wenigen sozialen Normen, die die vorhergehende Invasion überlebt hatten, wurden von den neuen Formen der Barbarei attackiert. Die Häßlichkeit des kommunistischen Polen verschwand nicht und Schönheit blieb ebenso rar wie vorher. Die neuen Barbaren waren keine kommunistischen Verbrecher, aber etwas in ihrem Verhalten erinnerte stark an ihre Vorgänger.

Ihre Vulgarität war anders als die ursprünglich-primitive der Kommunisten. Sie entstammte nicht dem Mangel an Kultur, sie kam nicht von Gebieten außerhalb der Zivilisation, es war nichts Natürliches an ihr. Die neuen Barbaren der liberalen Demokratie waren Produkte des Westens, der im Laufe der Geschichte anfing, seine eigene Kultur zu verleugnen. Er verlor nicht nur den Respekt vor den eigenen Errungenschaften, er verachtete sie sogar, die Regeln von Höflichkeit und Anstand wurden verhöhnt. Während die Barbarei der Kommunisten vorkulturell war, ist die der liberalen Demokratie postkulturell.

In beiden Systemen kompensierte der Mensch seine Mittelmäßigkeit durch das Image eines großen, gut funktionierenden Systems. Beide Systeme verfolgen kollektive Ziele wie Gleichheit, Frieden und Wohlstand, das entlastete den Menschen von der Verpflichtung, eigene Ideale zu entwickeln und zu verfolgen, die ja schließlich durch das jeweilige politische System überflüssig geworden sind. Der Lieblingsausdruck des kommunistischen Menschen war „Kommunismus" oder „Sozialismus", der des liberaldemokratischen Menschen „Demokratie". Die Gier, mit der diese Wörter genutzt wurden und werden, verstehen die Nutzer nicht als Symptom von intellektueller und moralischer Kapitulation, sondern in aller Ehrlichkeit als Ausdruck von Unabhängigkeit, Mut, Selbstbewußtsein und Autonomie. Für den mittelmäßigen Menschen war die organische Verschmelzung mit dem System der leichteste Weg, sich von der eigenen Außergewöhnlichkeit zu überzeugen.

Im Gegensatz zur Auffassung vieler unterscheidet sich die moderne liberal-demokratische Welt in vielen Aspekten kaum von der Welt, die sich der kommunistische Mensch erträumt hatte, aber trotz gewaltiger kollektiver Anstrengungen nicht imstande war zu errichten. Sicher gibt es auch Unterschiede, doch sie sind lange nicht so bedeutend, daß die liberal-demokratische Ordnung von jemanden wie mir, der Erfahrungen mit beiden Systemen gemacht hat, dankbar und bedingungslos akzeptiert werden könnte.

Der Traum des modernen Menschen ist wahr geworden, oder er ist zumindest auf dem Wege, verwirklicht zu werden. Er hat sich aller größeren Verpflichtungen, die das Leben schwer machen könnten, entledigt und plant offensichtlich, sich auch der noch verbliebenen zu entledigen. Dieser traurige Zustand der Dinge ist weit davon entfernt, ihn verzweifeln zu lassen. Weder die allgegenwärtige Ideologie noch die stupiden Stereotypen, die umfassende Politisierung, die Sterilität der Kultur oder der Sieg des Vulgären betrüben seinen Geist. Selbst wenn er all diese Entwicklungen registriert und sich ärgert, wenn ihm vielleicht auffällt, daß sehr ähnliche Dinge auch im Kommunismus passiert sind, bleibt er unbeeindruckt und überzeugt sich schnell, daß es gar nicht anders sein könnte, alles andere wäre eine Katastrophe.

Insofern haben die liberalen Demokraten sicherlich Recht, wenn sie uns glauben machen wollen, daß die Welt ihr Ende erreicht hat; und sollte sie in einer zufriedenstellenden Art und Weise fortexistieren, müsse sie in der gleichen Weise fortentwickelt werden. Sicherlich werden noch neue Rechte erfunden werden, damit alle noch gleicher werden, die feministische Ideologie wird noch absurdere Wege einschlagen und die Menschen, die so stolz auf ihre intellektuelle Unabhängigkeit sind, werden wieder alles schlucken und akzeptieren. Die Literatur wird noch stärker vom Nichts handeln, die Rhetorik wird – um die weiter um sich greifende Einförmigkeit zu verschleiern – noch wilder. Dabei wird es sich aber nur um eine weitere Szene in der langen Geschichte handeln, die in der frühen Moderne begonnen hat und bis heute anhält. Dieses Kapitel wird auch die Erfüllung dessen beinhalten, was der Kommunismus geplant hatte, jedoch zum großen Bedauern seiner Anhänger nicht verwirklichen konnte: die Verschmelzung des Menschen mit dem System und des Systems mit dem Menschen.

Ob die Zukunft noch neue Kapitel der Menschheitsgeschichte hinzufügen wird, können wir nicht vorhersagen, aber das oben geschilderte Szenario wird wahrscheinlich eintreten – das läßt zumindest der gesunde Menschenverstand annehmen. Es werden zweifellos neue Moden und Launen entstehen und andere unvorhersehbare Dinge passieren, die den Gang der Geschichte und die Auffassungen der Menschen ändern könnten. Aber zu einer echten Veränderung wird es erst kommen, wenn sich die jetzige Auffassung vom Menschen abgenutzt hat und als unzulänglich empfunden wird. Erst dann werden sich neue Stränge auftun oder die alten wiederentdeckt werden, die einen anderen Blick auf das menschliche Schicksal und die Träume erlauben, durch die Individuen und Gemeinschaften ihre Sehnsüchte zum Ausdruck bringen. Es ist nicht auszuschließen, daß dies eines Tages geschehen wird, auch wenn zur Zeit allein schon die Überlegung Wut und Spott bei jenen hervorruft, die selbst solche spielerischen Ausflüge des Geistes fürchten, wenn jemand die Gebiete der liberal-demokratischen Orthodoxie verläßt.

Aber es kann auch ganz anders kommen. Womöglich erreicht die lange Geschichte im letzten Kapitel ihre Auflösung. Die Ausbreitung der Moderne ist nicht einfach ein Kapitel, das durch ein anderes ersetzt werden kann, sondern die grundsätzliche Wahrheit über den Menschen der Moderne. Der scheint nach vielen Abenteuern, Scheitern und Wiederaufstiegen, nach dem er Chimären gefolgt und Versuchungen erlegen ist, nun endlich bei der richtigen Erkenntnis dessen, was er wirklich ist, angekommen zu sein. Wenn diese Hypothese stimmen sollte, würde es keine weiteren fundamentalen Veränderungen mehr in der Geschichte geben – außer zum schlechteren. Für manche mag das eine tröstliche Botschaft sein: Der Mensch hat endlich gelernt, in dauerhafter Harmonie mit seiner Natur zu leben. Für andere wäre es die Bestätigung der tief verwurzelten Mittelmäßigkeit des Menschen.

KAROLINGER VERLAG
AUS UNSEREM PROGRAMM

Crane Brinton

ANATOMIE DER REVOLUTION

328 Seiten, gebunden,
ISBN 978 3 85418 171 2

Clarence Crane Brinton (1898–1968) studierte Geschichte in Harvard, promovierte in Oxford und lehrte von 1942 bis zu seinem Tod in Harvard. Seine *Anatomy of Revolutions* wurde sein berühmtestes Werk und brachte ihm die Wahl in die „American Academy of Arts and Sciences".
Die Analyse der Gleichförmigkeiten der englischen (1640), amerikanischen, französischen und russischen Revolutionen, geschrieben in einem eleganten und präzisen Stil, machte das Buch zu einem Klassiker, der nun endlich wieder in einer aktualisierten Auflage auf Deutsch vorliegt.
Der Herausgeber, der habilitierte Soziologe und Ideenhistoriker Manfred Lauermann, beschreibt in seinem Essay zu „Nutzen und Nachteil des Revolutionsbegriffes" den aktuellen Stand der Forschung und die Bedeutung des Beitrages von Brinton.

Karolinger Verlag
Kutschkergasse 12/7, 1180 Wien
verlag@karolinger.at, Pagina Domestica: www.karolinger.at

KAROLINGER VERLAG
AUS UNSEREM PROGRAMM

Marcel Aymé

DER INTELLEKTUELLE KOMFORT

Herausgegeben und aus dem Französischen
übersetzt von Conrad Weiß
192 Seiten, broschiert
ISBN 978 3 85418 154 5

Romancier, Novellist, Essayist, Dramatiker, Drehbuchautor, Übersetzer und Feuilletonist, bleibt Marcel Aymé (1902–1967) nicht nur aufgrund der Vielfalt seines Werks schwer zu fassen. Schriftsteller wider Willen, Provinzler und Hauptstädter, Dandy und Verächter der (literarischen) Hautevolée, Freund und Verteidiger während des Krieges Verfolgter und nach dem Kriege Verfemter, wurde er nacheinander als Linker und anarchischer Rechter etikettiert.
Das vorliegende Werk – Pamphlet, Erzählung und Parabel – entlarvt in für Aymé charakteristisch-ambivalenter Weise Jargon und Pose der Kultur- und Politschickeria ebenso wie Schwäche und Willfährigkeit einer orientierungslosen Bourgeoisie ohne jedes Selbstbewußtsein. Sprachlich brillant und überaus amüsant, nimmt der vor 60 Jahren und nun erstmals in deutscher Sprache erschienene Text in erstaunlicher Weise die heutigen Gegebenheiten vorweg.

Karolinger Verlag
Kutschkergasse 12/7, 1180 Wien
verlag@karolinger.at, Pagina Domestica: www.karolinger.at